Les papillons de la Lena
et autres récits animaliers de Chen Wanglin

Christian Garcin

Les papillons de la Lena

et autres récits animaliers de Chen Wanglin

Médium
l'école des loisirs
11, rue de Sèvres, Paris 6e

Chen Wanglin est un jeune Chinois qui vit à Pékin. Il est l'un des personnages de *La piste mongole* (Verdier, 2009), de Christian Garcin, qui a ensuite publié de lui un récit policier (*Des femmes disparaissent*, Verdier, 2011) et un premier recueil de récits animaliers (*Aux bords du lac Baïkal, l'école des loisirs*, 2011).

Loi n° 49.956 du 16 juillet 1949 sur les publications destinées à la jeunesse : mars 2012
Dépôt légal : mars 2012
Imprimé en France par CPI Bussière à Saint-Amand-Montrond
N° d'édit. : 1. N° d'impr. : 120028/4.

ISBN 978-2-211-20756-0

I

Où l'on apprend que le battement d'ailes d'un papillon à la source de la Lena peut provoquer un combat de bœufs musqués à son embouchure

Pour le papillon Anastasia Fanfreluche, la vie était très simple : elle se limitait à voleter et butiner.

Et papoter, aussi.

Son état de chenille, elle ne s'en souvenait même pas, si bien que rien de son passé ne l'encombrait jamais. Lorsqu'elle croisait Sonia Baboutchka, dont les ailes plus petites mais aux couleurs nettement plus vives suscitaient chez elle quelque jalousie – Sonia Baboutchka quant à elle éprouvait une jalousie exactement inverse : elle aurait bien aimé avoir des ailes aussi vastes que celles d'Anastasia, qui d'ailleurs les déployait parfois avec un rien de provocation, jugeait-elle –, aucune des deux ne faisait allusion à ce qui pourtant avait constitué la majeure partie de leur existence, à savoir les mois passés à ramper ridiculement – « ridiculement » d'un strict point de vue de papillon, bien entendu – sur le sol, les troncs et les feuilles, puis à végéter tout aussi ridiculement, et cela toujours du même point de vue, dans leurs cocons respectifs. Elles ne considéraient pas même cette période de leur vie comme un rêve, auquel cas elles en auraient parlé abondamment, vu que pour Anastasia Fanfreluche comme pour Sonia Baboutchka, comme du reste pour tous les animaux de la région et d'ailleurs, animaux humains exceptés, rêve et réalité sont une seule et même chose.

Mais là, non. C'était l'oubli, pur et simple. Comme si cela n'avait jamais existé. Et ça facilitait bien les choses, cet oubli du passé.

Si bien que, lorsqu'elles se croisaient au détour d'un parterre de fleurs ou d'un sentier herbeux, Anastasia Fanfreluche et Sonia Baboutchka parlaient de soleil et de fourmis, de pollen et de lézards, d'écureuils et de pluie, ou encore colportaient des ragots concernant tel ou tel animal de la Grande Forêt, comme par exemple la louve Lioubomira Arkhangelsk, qui élevait seule ses trois louveteaux Ivan, Dimitri et Aliocha depuis que son mari, Fiodor

Arkhangelsk, avait été capturé par des trappeurs, et qui ne résistait pas toujours, à ce qu'on disait – et « on » désigne ici aussi bien Anastasia Fanfreluche que Sonia Baboutchka –, aux assauts charmeurs d'un loup bien plus jeune qu'elle et à la belle fourrure argentée nommé Anton Pavlovitch, mais jamais elles ne parlaient de leur passé de chenille, qu'elles avaient enfoui au plus profond de leur conscience de papillon – conscience qui, il faut bien le dire, n'était pas très élaborée.

Ce jour-là, justement, tout près des bords du puissant fleuve Lena, encore jeune à cet endroit car pas très éloigné de sa source, c'était un intense bla-bla-bla entre Anastasia Fanfreluche et Sonia Baboutchka, toutes deux posées sur un morceau de bois mort qui se trouvait là et dont la forme vaguement ronde, ornée à l'une de ses extrémités de deux courtes branches parallèles, pouvait évoquer la silhouette maladroite d'un lapin. Les deux commères, se trouvant momentanément rassasiées, n'avaient rien d'autre à faire que d'échanger des propos oiseux sur l'écureuil Ptolémée Stakhanov, qui aurait intensément poursuivi de ses assiduités sa cousine par alliance Maria Moldava, laquelle aurait de guerre lasse fini par céder après avoir longtemps sauté de branche en branche sans parvenir à le semer ni le décourager, chose dont elle s'était plainte ensuite auprès d'Anastasia Fanfreluche, et d'ailleurs, à propos de Maria Moldava, elle aurait dit beaucoup de mal de la pie Svetlana Pilipili, qu'elle trouvait avare et mesquine, et dont la cousine Nastiouchka, borgne et médium, vivait non loin d'ici, de l'autre côté de la forêt, vers ce Grand Lac dont on leur parlait tant, à Sonia Baboutchka et Anastasia Fanfreluche, mais qu'elles n'avaient jamais vu et ne verraient jamais, leur vie ne serait pas assez longue pour cela, et puis c'était trop loin, et de toute façon elles s'en moquaient bien.

Bref, ça papotait et ça ne voyait même pas arriver là-bas, pas tout près mais tout de même, Lioubomira Arkhangelsk suivie de ses trois louveteaux, Ivan, Dimitri et Aliocha. Non que les papillons aient quelque chose à craindre des loups, lesquels ne mangent pas de papillons, c'est bien connu. Même, ils ne les remarquent quasiment jamais. Mais les très jeunes, eux, peuvent s'en amuser, car les jeunes, ça ne comprend rien à rien, et tout les amuse, particulièrement ces petites choses qui ressemblent à des fleurs et s'envolent en agitant des pétales colorés grands comme des oreilles – même si, en ce qui concernait Sonia

Baboutchka, elles n'étaient pas si grandes que cela, et si, en ce qui concernait Anastasia Fanfreluche, elles n'étaient pas si colorées que cela, mais là n'est pas le propos. Bref, en s'amusant, ces jeunes inconscients pouvaient très bien leur balancer un coup de patte fort capable de les assommer et les faire choir, puis les mordiller un peu pourquoi pas, et enfin, inévitablement, les tuer. C'est pourquoi il valait mieux, lorsque arrivait n'importe quel animal assez jeune et inconscient pour nourrir l'idée saugrenue de jouer avec un papillon, que ce dernier s'enfuie le plus vite possible.

Et c'est ce que firent simultanément, à grand renfort de battements d'ailes très colorées et un peu courtes d'un côté, assez vastes mais plutôt ternes de l'autre, Sonia Baboutchka et Anastasia Fanfreluche, que la course pataude du jeune Dimitri Arkhangelsk avait alertées. Dimitri en effet avait le premier aperçu les deux papillons et s'était dit que ce serait drôlement amusant d'en attraper un pour jouer avec ses frères. Ainsi donc il avait couru, très peu discrètement, vers les deux commères ailées, qui avaient eu le temps de s'envoler, tant mieux pour elles, et Dimitri Arkhangelsk, les voyant s'élever au-dessus de lui, avait sauté une ou deux fois sans résultat, avant de s'avouer vaincu et de penser à autre chose, ou plus exactement penser à trouver un autre objet d'amusement à partager avec ses frères.

Lioubomira Arkhangelsk avait observé le manège de son fils, et d'un air à la fois sentencieux et bienveillant lui avait récité un proverbe, en articulant bien, ainsi qu'elle le faisait souvent, et du mieux qu'elle le pouvait car Lioubomira attachait beaucoup d'importance à la correction de ses phrases : *« Le battement d'ailes d'un papillon à la source de la Lena peut suffire à provoquer un combat de bœufs musqués à son embouchure »* – proverbe que ni Ivan, ni Dimitri, ni Aliocha ne comprirent vraiment, ignorant tous trois ce qu'était un bœuf musqué, aussi bien d'ailleurs qu'une embouchure.

Mais Dimitri ne s'en souciait pas. Il regarda encore une fois les deux papillons qui voletaient tout là-haut dans le soleil poudré et, baissant les yeux, aperçut soudain le morceau de bois sur lequel ils s'étaient posés, qui pourrait sans nul doute servir de jouet, d'autant qu'il ressemblait étonnamment à un de ces animaux à grandes oreilles, comment s'appelaient-ils déjà ?

– Regarde, maman, c'est comme un machin, là, fit-il. Avec les oreilles, tu sais. Le truc qui se mange.

Sans attendre la réponse de sa mère, et d'ailleurs il n'y avait pas de question, il se précipita sur le morceau de bois mort, le saisit entre ses mâchoires et revint fièrement le montrer à ses frères. Lesquels décidèrent dans la seconde de s'en emparer, ce qui provoqua des courses-poursuites très amusantes, soufflantes et grognantes, sous l'œil bienveillant de Lioubomira Arkhangelsk, qui se promit de rappeler bientôt à Dimitri ce qu'était un lapin – quant à l'embouchure et aux bœufs musqués du proverbe qu'elle tenait de sa mère qui le tenait de sa mère et ainsi de suite depuis la nuit des temps, elle n'en savait pas plus qu'eux, étant donné qu'elle n'en avait jamais vu non plus, ni d'ailleurs sa mère, ni la mère de sa mère – et au-delà, nul n'en sait rien.

II
Où l'aigle Lelio Lodoli se demande s'il a en face de lui un glouton à longues pattes, un ours trop maigre, ou un renard pâle et géant

Depuis des jours qu'il volait et planait sans autre but que celui de voler et planer et s'étourdir de cet air piquant et bleu dans lequel il tournoyait parfois béatement, l'aigle Lelio Lodoli ne s'était pas encore posé la question de savoir vers où il allait. Devant lui quelques collines se dessinaient, bleuâtres, dans le lointain, et tremblotantes en fin de journée lorsque le soleil grossissait et rougissait en effleurant l'horizon. Au-dessous de lui la forêt infinie s'étendait, parcourue de petits méandres argentés et ménageant çà et là des clairières vert clair au milieu desquelles s'agitait parfois une proie inconsciente du danger qui de tout là-haut la guettait. Le plus difficile évidemment était alors de bien viser, ce qui n'était pas à proprement parler le point fort de Lelio Lodoli.

D'ailleurs il faut avouer que Lelio Lodoli n'avait pas vraiment de « point fort », si ce n'est celui de planer et voler sans se préoccuper de la suite. Et aussi celui de dormir, le plus souvent d'un sommeil de plomb – et parfois même de faire simultanément l'un et l'autre, c'est-à-dire dormir tandis qu'il volait et planait, ou bien rêver qu'il volait et planait tandis qu'il dormait, puisqu'il est bien connu que pour Lelio Lodoli, comme pour tous les animaux de la région du Grand Lac et d'ailleurs, à l'exception toutefois des animaux humains, le rêve et la réalité n'étaient pas vraiment distincts (et lorsqu'il volait et planait et dormait et rêvait qu'il volait et planait, on peut tout aussi bien dire que tout rentrait, finalement, dans l'ordre).

Le plus difficile donc était de bien viser, mais l'un dans l'autre il s'en sortait à peu près, et en tout état de cause il ne mourait pas de faim. Depuis qu'il s'était disputé avec sa mère Ludmilla, qui lui reprochait de vivre à ses crochets sans jamais ou presque se préoccuper de sa propre subsistance du simple fait qu'il était trop maladroit pour cela, et surtout trop paresseux, il s'était vexé et avait décidé de quitter la région du Grand Lac où il était né. Il avait choisi le nord-ouest, pas par attirance particulière pour le nord ni pour l'ouest, mais parce que la forêt qui s'étendait là-bas, lui avait dit un jour son grand-père Lioudka – son vieux, sale, toujours affamé et quasi aveugle grand-père Lioudka –, était extrêmement riche en nourritures diverses, lièvres, rongeurs et serpents notamment.

Je quitte à regret les bords du Grand Lac où je suis né, pensa-t-il en voyant au loin un autre lac, tout petit celui-là, émerger entre deux collines vert sombre – avant de se reprendre, car Lelio Lodoli, comme ne l'ignorait aucun des animaux de la région du Grand Lac, préférait, lorsqu'il parlait de lui, utiliser la troisième personne du singulier et les temps du passé. Ce qui parfois provoquait quelques moqueries de la part de certains, mais il ne s'en rendait même pas compte. D'ailleurs dans ce cas-là il leur tournait le dos et prenait dédaigneusement son envol – ce qui tendrait à prouver qu'en réalité il s'en rendait bel et bien compte, mais n'épiloguons pas, car Lelio Lodoli est bien assez tourmenté en ce moment.

Il avait donc quitté à regret les bords du Grand Lac où il était né, et devait à présent se préoccuper de trouver un endroit où demeurer.

Depuis quelques heures, il suivait le cours argenté d'une rivière qui s'étirait voluptueusement vers le nord. Lelio Lodoli ne le savait pas, mais en réalité il s'agissait d'un grand fleuve : le fleuve Lena, qui ondulait ainsi pendant des milliers de kilomètres, s'élargissant parfois jusqu'à atteindre une taille si considérable qu'un aigle posé sur une rive n'aurait pu, même en insistant, et ce en dépit de sa vision aquiline extrêmement perçante, en apercevoir l'autre rive. Puis ce fleuve passait par un étroit goulet pour finalement se jeter dans le Grand Océan des Glaces en un immense delta dont Lelio Lodoli n'aurait pu, même en faisant de gigantesques efforts, imaginer les dimensions, ni la richesse de la faune qui y vivait.

Pour l'heure, il contemplait au-dessous de lui les méandres étincelants du fleuve Lena qui était encore bien timide, car pas très éloigné de sa source, qu'il avait d'ailleurs probablement survolée puisqu'elle se situait précisément au nord-ouest du Grand Lac qu'il venait de quitter.

Un peu las soudain de voler l'estomac vide, il descendit et se posa sur un gros rocher qui se trouvait là au bord du fleuve, devant une grande étendue dégagée. Il avait faim. L'air sévère, il examinait la surface de l'eau, se demandant ce qu'il conviendrait de faire si par exemple un saumon se mettait à sauter – bien qu'il ignorât s'il y avait des saumons dans ce fleuve, mais bon, c'était juste un exemple. Certes, il n'était pas un aigle pêcheur, mais est-ce que cela serait vraiment déchoir que d'attraper prestement un de ces poissons ? Ou devrait-il s'en abstenir, malgré la faim ? Il ne savait pas répondre. Peut-être fallait-il se consacrer exclusivement aux proies terrestres, comme tout aigle non pêcheur qui se respecte. Oui, mais s'il n'en voyait pas ? S'il n'y avait partout que des poissons, si le monde entier devenait du jour au lendemain exclusivement peuplé d'aigles et de poissons, devrait-il se laisser mourir de faim ? Perdu dans ses pensées, il n'entendit pas arriver derrière lui un loup qui avançait, précisément, à pas de loup.

Si ce loup avait par exemple avancé à pas d'ours, ou d'élan, ou même de glouton, Lelio Lodoli l'aurait sans nul doute entendu. Mais là, non.

Ce loup d'ailleurs était une louve, nommée Lioubomira Arkhangelsk. Sa fourrure était d'un gris clair qui virait au blanc. Elle venait de croquer un écureuil, si bien qu'elle n'avait pas vraiment faim. Lelio Lodoli n'avait donc rien à craindre. De toute façon les loups ne mangent pas les aigles, même s'ils ont très faim. Les loups mangent encore moins les aigles que les aigles non pêcheurs mangent les poissons, c'est dire.

– Dis donc, l'oiseau, fit soudain Lioubomira Arkhangelsk, qui s'était arrêtée à quelques mètres du gros rocher où s'était posé Lelio, sais-tu que tu te trouves présentement sur mon territoire ?

Lioubomira Arkhangelsk accordait beaucoup d'importance à la formulation correcte de ses phrases, surtout lorsqu'elle était accompagnée, comme c'était le cas à cet instant précis, de ses trois louveteaux, Ivan, Dimitri et Aliocha.

Lelio Lodoli sursauta, s'ébroua un peu, mais se reprit bien vite. Il se tourna et toisa l'impertinent quadrupède du haut de son rocher. Qu'est-ce que c'était que cet animal ? Un ours maigre et malformé ? Un glouton sur échasses ? Un avatar une fois de plus raté de Dianda, l'esprit du Grand Lac, qui se métamorphosait en ce que bon lui semblait et se trompait tout le temps dans les proportions ? Mais le Grand Lac était loin, et Dianda n'avait rien à faire ici. Peut-être alors était-ce un renard pâle et géant.

Il faut préciser ici que Lelio Lodoli n'avait jamais vu de loup. Ni de louve, ce qui est à peu près pareil. Lelio Lodoli n'avait pas davantage vu de loup que

Lioubomira Arkhangelsk n'avait vu, mettons, de bœuf musqué.

– Serais-tu sourd, par hasard ? reprit Lioubomira. Je te parle. C'est chez moi, ici. Tu devrais aller poser tes plumes plus loin.

Lioubomira Arkhangelsk n'était pas d'un tempérament particulièrement agressif, mais elle craignait pour ses louveteaux Ivan, Dimitri et Aliocha, qui étaient nés le mois précédent. Son neveu, Bolot Arkhangelsk, s'était éloigné un jour de sa mère et avait été capturé par un aigle qui passait par là, et depuis Lioubomira était très vigilante, désirant moins que tout que le même sort frappât l'un de ses trois rejetons.

Et d'ailleurs Lelio Lodoli les apercevait, dissimulés derrière leur mère, tout petits et tout gris, pelucheux, tremblants d'excitation de voir pour la première fois de leur vie un oiseau si gros dont ils ne savaient s'il était un possible repas, un futur compagnon de jeux ou un simple jouet sur lequel se faire les dents – comme ce drôle de morceau de bois à présent tout mâchonné que Dimitri avait trouvé le matin même à la suite du battement d'ailes de deux papillons qui fuyaient, et avec lequel ils avaient joué un moment vu qu'il ressemblait vaguement à un lapin. Lelio

Lodoli du reste considérait à présent ce bout de bois d'un air circonspect, persuadé quant à lui qu'il s'agissait d'un véritable lapin mort allongé dans l'herbe, un lapin que le glouton à longues pattes, ou l'ours maigre, ou le renard pâle et géant avait tué pour pouvoir s'en nourrir ensuite avec sa progéniture. Pour Lelio, c'était une véritable aubaine : lorsqu'il avait faim, il ne répugnait aucunement à se nourrir d'animaux déjà morts. Avec un peu de chance, se disait-il, cet ours maigre, ou glouton à longues pattes, ou renard pâle et géant affublé de sa progéniture va s'en retourner en délaissant momentanément le lapin, que je n'aurai plus qu'à saisir vite, et hop, m'envoler. Le tout, conclut-il *in petto*, est donc qu'il parte le premier de cet endroit.

– Lelio Lodoli se pose où il le désire et... Non, soupira-t-il, je veux dire : Lelio Lodoli se posait où il le désirait, et, euh... aucun quadrupède à fourrure, fût-il maigre ou géant, n'était habilité à lui poser des questions.

– Pardon ? fit Lioubomira Arkhangelsk d'un air stupéfait.

Quelque chose lui avait échappé dans la formulation du message, bien qu'elle en eût parfaitement compris la teneur.

– Désolé, dit Lelio, je préfère… euh, Lelio Lodoli préférait utiliser les temps du passé et la troisième personne, mais cela n'était pas toujours évident pour lui, je dois dire… enfin, devait-il dire. Ou dut-il, d'ailleurs, se reprit Lelio après un instant de réflexion.

Lioubomira se déplaça de quelques mètres sur sa droite, afin de faire face à cet oiseau arrogant et, apparemment, un peu fêlé. Elle ne saisissait pas tout ce qu'il racontait, mais elle se disait qu'il n'avait finalement pas l'air très dangereux. Ivan, Dimitri et Aliocha la suivirent de très près, abandonnant derrière eux le bout de bois lapiniforme auquel ils ne pensaient déjà plus, ayant épuisé toutes les possibilités de jeux qu'il offrait. Ils étaient très intrigués, car ils ne comprenaient, mais alors, strictement rien aux propos de cet oiseau.

– Écoute, Machin Boboli, dit Lioubomira d'un ton conciliant, si tu ne veux pas qu'il t'arrive des ennuis, je te conseille de partir d'ici très vite. Alors vois-tu, tu peux faire ça au présent ou à l'imparfait, comme tu veux. Même au passé simple. Pour moi, et dans ce cas précis, je préfère utiliser l'impératif présent : envole-toi, et va poser tes plumes ailleurs. J'espère avoir été assez claire.

Lelio Lodoli examina la situation. D'un côté, il ne pouvait pas partir ainsi : son standing ne l'autorisait pas à céder à de telles menaces. Cependant, s'il prenait fièrement son envol, non vers le fleuve, mais dans un premier temps vers l'endroit derrière lui où s'étaient d'abord tenus les animaux à fourrure, il pourrait se saisir prestement du lapin, opérer un élégant demi-tour sans même leur jeter un coup d'œil, et filer à tire-d'aile vers le large, le lapin mort entre ses serres, en les ayant bien eus.

Oui oui oui, se rengorgea-t-il, c'est bien cela qu'il faut faire, mon plan est diabolique.

Avant de se reprendre aussitôt :

Non, je veux dire… enfin, Lelio voulait dire : c'était bien cela qu'il fallait faire, son plan était diabolique.

Et c'est donc ce qu'il fit, ainsi qu'il l'avait minutieusement prévu : il battit trois fois des ailes, s'appuya sur un coussin d'air tiède bienvenu, se dirigea non vers le fleuve mais vers l'endroit qu'occupaient Lioubomira Arkhangelsk et ses trois louveteaux quelques minutes plus tôt, se saisit du lapin dont il se dit qu'il était bien raide et devait donc être mort depuis plusieurs heures, exécuta un très joli demi-tour circulaire en prenant de l'altitude, passa au-dessus de

Lioubomira, Ivan, Aliocha et Dimitri Arkhangelsk en les ignorant superbement, et fila vers le nord, le lapin bien coincé entre ses serres. Les louveteaux et leur mère suivirent du regard cet aigle déconcertant, et à tous égards incompréhensible, jusqu'à ce qu'il ne fût plus qu'un point minuscule dans le grand ciel bleu, ne comprenant pas très bien pourquoi il s'exprimait de la sorte, ni surtout pour quelle raison il avait emporté avec lui un bout de bois tout mâchonné et encore probablement trempé de salive.

III

Où l'éphémère Mimolette Perséphone trouve un endroit idoine pour se reposer au milieu du chemin de sa vie

Je suis sortie de l'eau ce matin sans encombre, épanouie et heureuse, curieuse de tout comme au jour de ma naissance – ce qui d'ailleurs est tout à fait normal, puisque c'est aujourd'hui que je suis née.

Oui, aujourd'hui est le jour de ma naissance, ainsi que celui de ma vie tout entière, et ce sera aussi celui de ma mort, vu que ce soir, au moment où la lune brillera sur le grand miroir du fleuve, je ne serai plus – et peut-être même avant, si jamais un poisson trop gourmand se jette sur moi lorsque je vole à la surface des flots. C'est ainsi, ma vie est éphémère, tellement éphémère, une vingtaine d'heures à peine, que c'est le nom qu'on nous donne, à moi et à toutes mes semblables : nous sommes des éphémères, nous naissons le matin, nous accouplons en plein vol, déposons nos centaines d'œufs à la surface de l'eau, puis nous mourons, et plus tard d'autres éphémères prennent le relais. Nous sommes toutes identiques, toutes nous nous appelons Mimolette Perséphone, et jour après jour, ponte après ponte, nous nous transmettons certains souvenirs des jours passés, qui nous sont comme des rêves éveillés – tant il est vrai que, pour nous comme pour tous les autres animaux, hominiens exceptés, il n'est jamais très aisé de faire la différence entre le rêve et la réalité, à compter que quelqu'un sache ce qu'est la réalité, évidemment. Quoi qu'il en soit, c'est ainsi que je sais ce qu'est le reflet de la lune sur le miroir du fleuve, moi qui n'ai jamais vu de lune.

À part ça, nous sommes très jolies. Deux petites antennes, de longues pattes délicates, de fines ailes aux membranes élaborées, et deux filaments très gracieux, plus longs que l'ensemble de notre corps, que nous traînons derrière nous depuis la base de notre abdomen. Lorsque nous volons, et nous volons presque tout le temps, ils flottent joliment. C'est vraiment d'une élégance rare. Je suis née depuis quatre heures au moins, et je n'ai pas encore vu d'animal plus gracieux. Il faut dire que je n'en ai pas vu beaucoup, à part d'autres Mimolette Perséphone, des poissons, très laids comme le sont tous les poissons, et quelques oiseaux, dont à l'instant un très grand qui volait tout là-haut en transportant quelque chose entre ses pattes. J'ai eu le temps de l'observer, parce que je me reposais sur un galet au bord du fleuve, vu que j'étais un peu épuisée de l'avoir traversé d'une traite.

Et en plus, il va falloir que je fasse la même chose en sens inverse tout à l'heure. Ne me demandez pas pourquoi, je n'en sais rien. Vous pensez bien qu'en ne vivant que quelques heures il y a des tas de choses que j'ignore et auxquelles je ne sais pas répondre. Par exemple, je sais pourquoi j'ai traversé le fleuve : c'est parce que je percevais dans l'air comme de tout petits sentiers aériens emplis d'une odeur exquise qui m'attirait puissamment vers là-bas, des sortes de petites clochettes odorifères et vibrantes, toutes chaudes, rassurantes, qui agissaient sur moi comme le miel sur les fourmis – si bien que je n'ai pu résister, et me suis dirigée vers ce qui me faisait ainsi signe. Si vous voulez savoir de quoi il s'agissait, je peux vous le dire : c'était un parterre de fleurs, dans l'odeur desquelles je me suis vautrée très longtemps

– très longtemps par rapport à la durée d'une vie d'éphémère, bien entendu : cinq minutes au moins. Et là, je me suis dit que, vraiment, vraiment, la vie valait le coup d'être vécue.

Je connais donc très bien la raison pour laquelle j'ai traversé le fleuve, mais en revanche j'ignore pourquoi je dois absolument le retraverser en sens inverse. C'est ainsi, voilà tout. Peut-être dois-je terminer ma vie non loin de l'endroit où je l'ai commencée. Ou la transmettre, c'est-à-dire pondre, à proximité de l'endroit où je suis née. Allez savoir. Vous non plus, je suis sûre que vous ne savez pas tout de ce que vous faites, ni pourquoi vous le faites.

Mais revenons à ce gros oiseau. Il est un peu descendu, comme pour se poser quelque part, et tout en descendant il se contorsionnait pour tâter du bec ce qu'il tenait entre les serres. Au bout d'un moment il l'a lâché dans l'eau – ça a fait un gros « ploc » – en grommelant quelque chose comme « Immangeable, beaucoup trop sec ». Il avait l'air très en colère, et il a ajouté « Lelio n'est pas content ». Tout de suite après il s'est repris et a dit « n'*était* pas content », puis il a repris son envol, n'ayant probablement plus le moindre désir de se poser où que ce soit. Ensuite il a disparu dans le bleu.

C'était vraiment un drôle d'oiseau, je n'ai pas très bien compris son manège.

En attendant, maintenant je le vois, cet objet, qui flotte tout là-bas à la surface du fleuve : c'est un gros bout de bois. Soudain je réalise qu'il pourrait m'être utile : je pourrais m'y reposer quelques instants pendant ma traversée du fleuve. Je suis si fatiguée, et je dois retraverser toute cette eau pour aller pondre là-bas, de l'autre côté. Je sens bien que la fin de ma vie approche. Elle aura été belle, grâce à toutes ces fleurs dans lesquelles je me suis baignée tout à l'heure.

Le bout de bois est emporté par le courant, qui heureusement n'est pas très rapide. Alors je rassemble mes forces, prends mon envol, me laisse porter par les courants d'air froid, le rejoins, le suis à la verticale pendant un bon moment, et parviens enfin à m'y poser. Il est vaste. Il a des tas de trous, de traces de je ne sais quoi, il est bien usé. Il sent un peu mauvais, aussi. Mes filaments postérieurs trempent dans l'eau, pourvu qu'ils n'attirent aucun poisson, ce serait idiot de finir dans l'estomac d'une de ces bêtes hideuses avant même d'avoir pondu. Je suis tellement fatiguée. Je n'arrive plus vraiment à formuler mes phrases. Allez, encore un petit effort. Un dernier. Tout à l'heure je reprendrai mon envol, j'irai pondre là-bas, de l'autre côté, et puis ma vie s'arrêtera – c'est comme ça. Elle aura été riche : je transmettrai aux Mimolette à venir le rêve d'un oiseau bizarre, d'un matin de soleil, d'un bout de bois qui flotte, et d'une sente aérienne et fleurie. C'est déjà beaucoup.

IV

Où l'esturgeon Ossoufri Laboda en a assez d'entendre ses parents regretter le bon vieux temps

Dans la très respectable famille des esturgeons Laboda, seul le jeune Ossoufri se distinguait de l'ensemble de sa parentèle. Tous en effet étaient lents, malhabiles et ronchons, toujours à râler parce qu'il n'y avait par exemple plus assez de nourriture – microcrustacés, larves et vers de toute sorte –, que cette nourriture de plus était bien moins goûteuse aujourd'hui qu'avant, parce que avant, on dira ce qu'on voudra, mais tout allait beaucoup mieux, les larves avaient meilleur goût, les migrations depuis l'estuaire jusqu'aux abords de la source du Grand Fleuve Lena mettaient moins longtemps qu'aujourd'hui où ça n'en finissait plus vu que la plupart des esturgeons étaient des fainéants, surtout les jeunes, qui dans les temps anciens étaient beaucoup plus respectueux envers leurs aînés, à l'époque où tout allait mieux, lorsque les eaux du fleuve étaient partout plus pures, et il faut reconnaître que sur ce dernier point ils n'avaient peut-être pas tout à fait tort.

Tous les membres de la famille Laboda passaient leur temps à nager lentement, chercher tout aussi lentement de la nourriture en tâtonnant parce qu'ils y voyaient mal, et râler – tous sans exception sauf Ossoufri Laboda, qui quant à lui passait son temps à nager (mais un peu moins lentement car pour un esturgeon il était étonnamment vif, voire turbulent), chercher de la nourriture (mais avec une relative vivacité car il était le seul esturgeon de sa connaissance à bénéficier d'une vue tout à fait correcte), et se moquer des autres esturgeons Laboda, qui ne cessaient de râler et regretter les jours anciens où tout allait toujours beaucoup mieux.

Son père Ouliadkine Laboda, par exemple, ne cessait de lui dire que, de son temps, les éphémères pondaient davantage, si bien que les larves pullulaient, alors qu'aujourd'hui, sans doute atteintes elles aussi par cette épidémie d'égoïsme et de paresse généralisés qui n'avait pas épargné les esturgeons, elles ne pensaient qu'à passer du bon temps et se souciaient comme d'une guigne de leur progéniture, et par conséquent de la nourriture des esturgeons, ce qui témoignait d'une légèreté inconcevable, si ce n'est scandaleuse.

Évidemment, c'était idiot, mais comme Ossoufri ne disposait d'aucun point de comparaison, il ne pouvait dire le contraire et acquiesçait d'un air morne, ses quatre barbillons frôlant le fond du fleuve et soulevant un petit nuage de vase.

En outre, ajoutait Ouliadkine Laboda en laissant de grosses bulles s'échapper de sa bouche grande ouverte, signe d'intense courroux, de mon temps les enfants s'adressaient aux parents avec davantage de respect, et puis ils baissaient les yeux en leur présence et ne marmonnaient pas d'incompréhensibles borborygmes dans leurs barbillons en guise d'acquiescement aux conseils et propos empreints de sagesse millénaire que lesdits parents consentaient à leur dispenser – et y consentent encore, ajoutait-il souvent en soupirant, mais sans plus en attendre la moindre gratitude, hélas !

À quoi Ossoufri Laboda répondait en levant les yeux au ciel, c'est-à-dire vers la surface de l'eau.

Les leçons de la famille Laboda, et particulièrement celles de son père Ouliadkine, étaient pour le jeune Ossoufri assez pénibles à supporter. Aussi s'en échappait-il dès qu'il le pouvait, abandonnant le reste de sa famille qui, depuis le grand delta où paissent les bœufs musqués et vivent les caribous, remontait lentement le cours du Grand Fleuve Lena, fouillant le fond de son lit pour y dénicher vers et crustacés, ou cherchant à avaler les larves à sa surface, tout cela avec force lenteur et précautions, car, on l'a dit, les esturgeons, outre qu'ils sont lents, sont également mal-voyants et ne sauraient distinguer à coup sûr un aigle d'une sterne arctique par exemple, bien que leurs tailles diffèrent de beaucoup, ni un lapin d'un morceau de bois, pour peu que ce dernier semble muni d'oreilles.

Comme quoi les esturgeons qui ont la vue basse ne l'ont pas beaucoup plus que certains aigles qui l'ont perçante, et donc tout est relatif.

Un jour qu'Ossoufri Laboda venait de supporter deux leçons de morale, une de maintien et une autre de vocabulaire de la part de son père Ouliadkine fort en colère, mais aussi de sa mère Oudmilla et de sa tante Oulitskaïa, ce qui commençait à faire beaucoup, tout cela parce qu'il s'était absenté quelques heures pour aller flâner au milieu d'un amas de hautes herbes situé au milieu du fleuve, milieu qui, vu la largeur de la Lena à cet endroit, se situait à quelques kilomètres, si bien qu'il s'était absenté fort longtemps il faut le reconnaître, et que son père, sa mère, sa tante et tous les autres membres de sa famille s'étaient rongé les sangs, imaginant le jeune imprudent n'ayant pu résister à un de ces redoutables appâts ressemblant à de délicieux petits crustacés que lancent les animaux humains pour attraper les esturgeons, l'imaginant donc traîtreusement extirpé de l'eau comme le premier goujon venu, et probablement ensuite dévoré, car ces animaux humains n'ont vraiment aucun principe, auparavant les choses allaient mieux tout de même, le fleuve était plus sûr, l'insécurité était moindre, les techniques de pêche étaient moins sophistiquées et les animaux humains beaucoup moins performants, c'est en tout cas ce que disait la famille Laboda, qui se faisait un sang d'encre pour le jeune Ossoufri – bref, un jour donc qu'Ossoufri Laboda, de retour de son expédition, s'était copieusement fait rappeler à l'ordre par une bonne partie de sa famille, il avait comme à son habitude acquiescé mollement à tous ces reproches en agitant ses barbillons dans la vase, puis avait levé les yeux au ciel, c'est-à-dire vers la surface du fleuve, et là il avait vu une drôle de chose, car, faut-il le rappeler, Ossoufri Laboda disposait d'une vue inhabituellement perçante pour un esturgeon.

C'était un gros morceau de bois qui ressemblait vaguement à une éphémère géante, avec ces deux longues branches fines qui rappelaient un peu les filaments que les éphémères traînent derrière elles en volant. Ossoufri Laboda ne pouvait savoir que pour d'autres animaux ce bout de bois ressemblait plutôt à un lapin, et l'eût-il su que cela ne lui aurait rien dit, car jamais de sa vie il n'avait vu de lapin – pas même en rêve, ce qui entre parenthèses serait revenu au même, puisque pour Ossoufri Laboda comme pour tous les membres de sa famille, et d'ailleurs pour tous les autres animaux, animaux humains exceptés, il n'y avait pas la moindre différence entre le rêve et la réalité, l'une étant tout simplement le prolongement de l'autre.

Et d'ailleurs, en y regardant de plus près, Ossoufri distingua nettement, au-dessus de la pellicule mouvante de l'eau derrière laquelle se devinait, très loin, le bleu intense du ciel qui tremblotait, la silhouette longiligne et menue d'une éphémère, qui laissait traîner dans l'eau ses deux filaments postérieurs, comme pour créer une sorte de réplique miniature des deux branches qui se situaient de l'autre côté.

Ossoufri Laboda n'avait jamais goûté d'éphémère adulte : seules les larves de ces insectes étaient au menu habituel de sa famille. Son père, Ouliadkine, disait souvent que, de son temps, il arrivait que certains esturgeons très habiles parviennent à se saisir d'une éphémère adulte pour en faire leur dîner, ou plus exactement pour varier leur régime habituel, et qu'elles étaient d'ailleurs fort bonnes, mais qu'à présent le monde était devenu bien trop dangereux, les animaux humains guettaient partout le moindre mouvement d'esturgeon pour s'en emparer, sans compter les pygargues, ces aigles pêcheurs dont l'œil perçant repérait la silhouette d'un malheureux esturgeon à des centaines de mètres de distance, auparavant ils étaient moins nombreux, et donc la vie était plus sûre, et puis de toute manière avant tout allait mieux, voilà ce que disait son père.

Mais Ossoufri Laboda n'en pouvait plus des récriminations de son père et de tous les esturgeons en général. Ossoufri Laboda en avait assez d'entendre que tout allait mieux avant, que le monde partait à vau-l'eau, que de leur temps le fleuve était plus sûr, la nourriture meilleure et plus abondante. Ce qu'il savait, c'est qu'il voulait s'échapper, qu'il y avait tout là-haut une éphémère probablement délicieuse, et qu'il lui suffirait de se précipiter sur elle avec toute la vitesse dont il était capable, vitesse bien supérieure à celle de la moyenne des esturgeons qui n'en peuvent plus d'être lents, malhabiles et malvoyants, pour la gober avidement, cela lui donnerait des forces pour pouvoir supporter les récriminations parentales qui ne manqueraient pas de redoubler ensuite.

Il prit donc son élan et, sous le regard ébahi de ses parents qui n'avaient jamais vu un jeune esturgeon se comporter de la sorte, preuve, s'il en fallait une, que le monde à présent marchait sur la tête, il fila à la verticale, vif comme une ablette, vers la surface là-haut.

Malheureusement pour lui, l'éphémère qui se reposait sur le bout de bois flottant avait repris quelques-unes de ses forces et, au moment où Ossoufri Laboda, la bouche grande ouverte, creva la surface de l'eau en une grosse gerbe d'écume, elle venait de s'envoler pour rejoindre l'autre côté du fleuve où elle devait pondre et se préparer à mourir.

Ossoufri Laboda retomba donc bredouille à la surface de l'eau, jurant honteux et confus qu'on ne l'y prendrait plus – mais soulagé malgré tout que personne n'ait assisté à sa déconvenue, ses parents n'ayant certainement pas vu l'éphémère ni compris le but de ce départ précipité.

Enfin, *personne*, pas exactement.

Ici il faut préciser qu'Ouliadkine Laboda, tout râleur chronique qu'il fût, n'avait pas tout à fait tort sur certains points. L'eau du fleuve Lena par exemple était bel et bien plus pure quelques décennies auparavant, du fait que les animaux humains y déversaient moins de substances polluantes aux abords des quelques villes qui en jalonnent le cours. Et aussi, les pêcheurs humains possédaient à présent des techniques de pêche plus sophistiquées, ce qui rendait la survie des esturgeons, comme celle de tous les autres poissons du fleuve, bien plus aléatoire qu'avant. Sur ces points, Ouliadkine Laboda n'avait pas tort.

Mais ce n'est pas un animal humain pêcheur habituel qui aperçut Ossoufri Laboda. C'est une autre sorte d'animal humain pêcheur qui, surgissant à cet instant sur un canot à moteur, vit ce petit esturgeon jaillir hors de l'eau, s'en saisit prestement à l'aide d'une gigantesque épuisette avant qu'il ne replonge au plus profond du fleuve et l'installa dans une grosse cuvette bleue remplie d'eau, où d'autres petits esturgeons qu'Ossoufri Laboda n'avait jamais vus faisaient de grosses bulles.

C'était un animal humain assez bizarre, et aux gestes incompréhensibles. Il déposa quelque chose sous la nageoire ventrale de chacun des esturgeons, prit à plusieurs reprises des notes sur un petit carnet vert rempli de schémas, et au bout de quelques heures les relâcha tous, Ossoufri Laboda compris, dans les eaux du fleuve Lena, beaucoup plus au nord. La nuit tombait. Évidemment tous sans exception se retrouvèrent bien loin de leur parentèle, et tous sans exception se mirent à râler abondamment, estimant que ces animaux humains agissaient avec beaucoup de légèreté et d'outrecuidance à leur égard, et que jamais on n'avait entendu parler d'une telle attitude, qu'auparavant les choses ne se passaient pas ainsi, que d'ailleurs avant tout allait beaucoup mieux, et tandis que tous sans exception râlaient à n'en plus pouvoir, Ossoufri Laboda, qui n'était pas le dernier à se plaindre bruyamment, en vint à se dire qu'il commençait, peut-être, à ressembler un peu à son père.

V
Où l'écureuil Mitrofane Stakhanov apprend enfin à distinguer la droite de la gauche

L'écureuil Mitrofane Stakhanov était respecté de tous les animaux, végétaux, esprits errants et divinités des abords du Grand Fleuve, comme l'étaient et l'avaient été avant lui tous les membres de l'illustre famille des Stakhanov.

Enfin, *tous*, pas vraiment : son turbulent cousin Ptolémée Stakhanov, qui vivait bien plus au sud, mais dont les frasques innombrables étaient connues sur des centaines de kilomètres le long du rivage du Grand Fleuve, était quant à lui très mal vu par sa propre famille, et souvent moqué par la plupart des autres animaux, qui colportaient volontiers toutes sortes de potins sur ses duels, combats, rivalités, joutes amoureuses et multiples tentatives de séduction sur à peu près tout ce qui était écureuil femelle, y compris ses propres sœurs et cousines, disait-on, et ce dans un rayon excédant de beaucoup le territoire habituel d'un écureuil.

Mais si l'on excepte Ptolémée Stakhanov, on peut dire que tous les membres de la famille étaient fort respectés de chacun, et ceci pour une simple raison : outre qu'ils étaient prévoyants, raisonneurs et posés, ils étaient également d'infatigables travailleurs, qui passaient leur temps à stocker toutes sortes de graines en prévision des hivers qui, dans ces régions du Grand Fleuve, sont comme on le sait particulièrement rudes.

Et les travailleurs consciencieux, on a beau dire, ça impressionne beaucoup, et ça force le respect.

Surtout Mitrofane, qui était pour ainsi dire le champion toutes catégories de l'organisation et du rendement, œuvrant sans discontinuer de l'aube au crépuscule, et qui, quand il ne travaillait pas, préparait ses futures journées de labeur en parcourant la forêt en tous sens à la recherche d'arbres creux susceptibles de pouvoir être remplis de provisions.

Le seul souci que rencontrait Mitrofane Stakhanov dans ses activités multiples et diverses de cueillette, rangement, stockage, comptage, prospection, repérage et catalogage, était qu'il était incapable de distinguer la droite de la gauche, ce qui lui posait parfois quelques problèmes de mémorisation des lieux.

– C'est pourtant facile, lui avait dit un jour sa sœur Olga Stakhanova, travailleuse émérite elle aussi, et pour cela, on l'a dit, fort respectée dans toute la forêt, quoique pas autant que son frère. La patte droite, c'est celle où le pouce est à gauche, et la gauche, c'est celle où le pouce est à droite. Tu vois. Il te suffit d'y penser à chaque fois que tu hésites.

Mitrofane avait regardé ses pattes.

– C'est stupide, comme méthode, avait-il décrété après un instant de réflexion. Si je ne peux pas distinguer ma gauche de ma droite, comment puis-je savoir lequel de mes pouces est à gauche, et lequel à droite ?

Il faut reconnaître qu'il n'avait pas tout à fait tort.

– C'est même doublement stupide, avait-il renchéri, vu que nous n'avons pas de pouce.

Là aussi, il faut reconnaître qu'il avait raison. Sa sœur Olga du reste en était convenue, lui avouant qu'elle avait juste entendu cela lors d'une conversation entre animaux humains un jour qu'elle travaillait d'arrache-patte pour sortir les graines du tronc d'un arbre qu'ils s'apprêtaient à couper. Pendant qu'ils faisaient une pause et discutaient entre eux, Olga avait tendu l'oreille, et même les deux, qu'elle avait longues, fines et belles, avec de très jolis petits plumeaux noirs à la pointe de chacune. Bien entendu, elle ignorait ce qu'étaient les pouces, et cela pour la bonne raison que les animaux humains, comme on le sait, sont les seuls à être dotés de véritables pouces, si l'on excepte toutefois les singes et les lémuriens, animaux cependant fort rares le long du Grand Fleuve Lena – on peut même dire totalement inexistants.

D'ailleurs Olga et Mitrofane, et avec eux tous les animaux des environs, ignoraient totalement ce que pouvaient être un singe ou un lémurien.

Ils ignoraient même qu'ils l'ignoraient, puisqu'ils n'avaient absolument jamais entendu parler de tels animaux – or la seule façon de savoir qu'on ignore quelque chose, c'est de savoir que ce quelque chose existe quelque part.

Sans ça, on ignore même qu'on ignore.

Olga, Mitrofane et tous les autres animaux n'avaient pas davantage vu de singe ou de lémurien que la louve Lioubomira Arkhangelsk par exemple, qui vivait bien loin plus au sud, n'avait vu de bœuf musqué de toute son existence. La différence est que Lioubomira Arkhangelsk savait qu'existaient quelque part – dans le delta du Grand Fleuve pour être précis – des animaux nommés bœufs musqués, alors qu'Olga, Mitrofane et tous les autres n'avaient strictement jamais entendu parler de singes ou de lémuriens – pas même en rêve, auquel cas ils les auraient d'une certaine manière connus, étant donné que pour tous les animaux ou presque, animaux humains exceptés, il n'existe pas de véritable différence entre le rêve et la réalité, les deux se trouvant être parfaitement interchangeables. Mais, pour rêver d'une chose, il faut pouvoir se la représenter. Or comment se représenter quelque chose dont on ignore aussi bien le nom que l'existence ?

Tout cela pour dire qu'Olga ne savait donc pas très bien ce qu'étaient les pouces, mais elle avait jugé la formule convaincante, car elle avait fait rire les hominiens en bas de l'arbre. Elle s'était donc souvenue de cette définition, et trouvée très fière de pouvoir la resservir à son frère, pensant ainsi lui rendre service. Ce dernier n'ayant pas été convaincu, et on le comprend, son problème n'avait pas été le moins du monde résolu, et Mitrofane et Olga n'avaient jamais reparlé de cela.

Un jour que Mitrofane Stakhanov se pressait pour transférer d'un arbre à l'autre une partie de ses réserves de graines en raison de l'annonce d'un orage à venir, car l'arbre dans lequel il les avait préalablement entreposées n'était pas parfaitement étanche, avait-il cru remarquer, et ses provisions risquaient donc d'être anéanties si de fortes pluies survenaient, il entendit, qui provenait des bords du Grand Fleuve, un incessant murmure dont il ne savait déterminer l'origine et qui l'intriguait quelque peu.

Car Mitrofane Stakhanov, outre qu'il était prévoyant, organisé et travailleur, était aussi extrêmement curieux, comme le sont tous les écureuils.

Il ralentit donc sa course, revint en arrière et s'approcha de la rive. Une dizaine d'esturgeons se trouvaient là, clapotant à la surface, qui ne cessaient de récriminer, gémir, râler, grogner et se plaindre du traitement qu'ils avaient subi.

– C'est tout de même un monde, disait l'un, vous vous rendez compte, nous arracher de l'eau comme ça, nous garder dans une cuvette entassés les uns sur les autres et puis nous relâcher n'importe où ! Non, mais je vous jure que des fois ! Franchement !

– Et puis ce machin qu'il nous a mis sous la

nageoire, renchérissait un autre, impossible de l'enlever en plus, non, vous avouerez quand même, il y a des moments, on se demande où va le monde !

– Avant, on n'entendait jamais parler de méthodes aussi humiliantes, ajoutait un troisième, si encore quelques tanches ou saumons avaient été pêchés en même temps, on se dirait que c'est ainsi, que cet animal humain s'amusait stupidement à capturer des poissons et voilà tout – mais là non, nous étions uniquement entre nous, vous vous rendez compte : c'était *exclusivement* dirigé contre nous !

– Mais oui, confirmait un quatrième, de toute façon mon père le dit toujours, le monde allait bien mieux avant, il y avait moins d'humains et plus d'insectes, le monde tournait rond et le fleuve était plus propre, c'est le début de la fin, je vous dis, à présent tout part à vau-l'eau !

– Absolument, continuait un cinquième, très énervé, et puis où, mais où nous a-t-il relâchés, cet idiot d'hominien ? N'importe où ! Est-ce que quelqu'un sait où nous nous trouvons, depuis hier qu'il nous a rejetés à l'eau ? Non. Ma famille est loin, ils doivent se demander ce qui m'est arrivé ! Trop c'est trop, il y a des limites tout de même ! Ah, je vous jure !

Bref, les esturgeons n'étaient pas très contents, et ils se le faisaient mutuellement savoir à grand renfort de bulles, en un étrange symposium tout près de la surface, à l'issue duquel tous sans doute allaient regagner le fond et nager chacun dans la direction supposée de sa propre famille, vers l'amont pour certains, vers l'aval pour d'autres, mais comme nul ne savait où il se trouvait précisément, la chose semblait pour le moins ardue.

– Je pense être plus près de la source qu'au moment où j'ai été attrapé, disait l'un d'eux, quelque chose me le dit dans la couleur de l'eau. Il faudrait donc que je file vers l'embouchure, à gauche, dans le sens du courant.

– Moi, c'est l'inverse, estimait un autre, il me semble que nous sommes plus près de l'embouchure, quelque chose me le dit dans la quantité d'algues près du rivage. Je pense que je dois remonter le fleuve, sur la droite, en sens inverse du courant.

En entendant ces paroles, Mitrofane Stakhanov s'approcha un peu plus du rivage et s'adressa à l'un de ces énormes esturgeons – énormes à l'échelle d'un écureuil, cela va sans dire, car d'un strict point de vue d'esturgeon celui-ci était assez petit, comme les autres d'ailleurs, qui tous étaient individus assez jeunes.

– Euh, excusez-moi, hasarda Mitrofane… Peut-être pourriez-vous me renseigner…

L'esturgeon s'approcha de lui.

– Qui es-tu, toi ? demanda-t-il d'un air méfiant.

– Mon nom est Stakhanov. Mitrofane Stakhanov, précisa Mitrofane Stakhanov, un peu impressionné par la grosse gueule ornée de barbillons. Euh… et vous ?

– Laboda, Ossoufri Laboda. Mais… Stakhanov, Stakhanov… attends voir, fit l'esturgeon… Stakhanov, de la famille des Stakhanov ?

– Ben oui, évidemment, fit Mitrofane, interloqué.

C'est évident, non ? continua-t-il, mais *in petto*, afin de ne pas vexer l'esturgeon.

– Tu veux dire que tu es un parent de Ptolémée Stakhanov ?

– Oui, bon, éluda Mitrofane, qui se méfiait de la réputation sulfureuse de son cousin Ptolémée, c'est mon cousin, c'est vrai, mais vous savez, nous ne nous voyons jamais : il habite bien trop loin au sud.

Ossoufri Laboda frétilla soudain de la queue.

– Au sud, tu dis ? répéta-t-il, soudain très intéressé. C'est par là-bas que j'ai été pêché, une région du fleuve où j'ai abondamment entendu parler de ton cousin… Si c'est le sud, cela signifie que je dois remonter le courant vers la droite à partir d'ici... Ah, formidable ! Merci beaucoup, Mitrofane Stakhanov.

– Pas de quoi, dit Mitrofane.

Ossoufri Laboda fit mine de rebrousser chemin, puis il se souvint que c'était l'écureuil qui l'avait abordé, et non l'inverse. Il poursuivit donc :

– Mais... que voulais-tu savoir, au juste ?

– Eh bien, fit Mitrofane, soulagé que l'esturgeon ne fût pas parti, je vous ai entendu parler de droite et de gauche, et je me disais que vous pourriez peut-être m'aider : comment faites-vous pour distinguer l'une de l'autre ? Moi, je n'y arrive jamais, et cela me joue des tours parfois, lorsqu'il s'agit de retrouver un arbre ou d'indiquer un chemin à ma sœur Olga.

La requête était singulière, et Ossoufri Laboda était pressé de rejoindre sa famille, mais il devait bien ça à cet écureuil. Il se mit à réfléchir intensément.

– Bon, je crois que j'ai trouvé, fit-il au bout de quelques instants. Ça n'est pas très compliqué, tu vas voir. Tu résides en permanence de ce côté-ci du fleuve, je présume ?

– Ben oui, fit Mitrofane.

Je ne vais pas le traverser à la nage, qu'est-ce que tu t'imagines, poursuivit-il, mais à nouveau *in petto*, et ce toujours afin de ne pas vexer l'esturgeon.

– Alors c'est vraiment très simple, dit Ossoufri. De ce côté-ci, le courant s'écoule toujours vers la gauche quand tu regardes le fleuve.

Mitrofane observa le fleuve avec attention.

– Le problème est que je ne suis pas toujours certain du sens dans lequel il s'écoule, objecta-t-il.

– Oui, bon, il faut y mettre un peu de bonne volonté, quand même, fit Ossoufri, légèrement agacé.

Il faut dire qu'il n'avait pas que ça à faire : il était vraiment très pressé de rejoindre sa famille, qui, depuis qu'il l'avait quittée la veille, devait se faire un sang d'encre, pestant à n'en plus pouvoir à la fois contre l'imprudence d'Ossoufri, l'impudence des hominiens en canot à moteur, l'insécurité qui ne cessait d'augmenter, le déclin de toute chose, le fait qu'on n'est plus tranquille nulle part, qu'avant tout allait mieux, et tout ce genre de considérations.

– Je ne sais pas, moi, continua-t-il. Tu ne vois rien qui flotte à la surface ?

Mitrofane leva à nouveau la tête, et vit à quelques mètres du rivage un bout de bois plat et rond, avec deux branches fines qui rappelaient des oreilles d'écureuil femelle, en un peu plus long toutefois.

– Ah si, il y a un bout de bois, dit-il.

– Bon, bon, très bien, c'est assez fréquent, ça. Et ce bout de bois n'est pas immobile, n'est-ce pas ?

– Non, concéda Mitrofane.

– Eh bien, il file vers ta gauche, dans le sens du courant. À chaque fois que tu hésiteras sur le sens de l'écoulement de l'eau, tu n'auras qu'à trouver quelque chose qui flotte. Ou lancer un bout de bois, et tu verras bien. Il se dirigera toujours vers ta gauche. Ou alors te souvenir de cette scène. Sur ce, je dois y aller. Bonne continuation, Mitrofane Stakhanov.

Et l'esturgeon fit demi-tour et plongea.

– Merci beaucoup, le poisson, fit Mitrofane qui, tout reconnaissant qu'il fût, avait oublié le petit nom de l'esturgeon.

D'ailleurs il ignorait même ce nom d'« esturgeon », car c'était la première fois de sa vie qu'il en voyait, et personne jamais ne lui en avait parlé.

En tout cas, il lui tardait d'aller raconter ça à sa sœur : elle aurait l'air fin avec ses histoires de pouces. Il venait à n'en pas douter de franchir une étape importante de sa vie.

Évidemment, il ne pouvait deviner que cette étape venait d'être franchie grâce à deux papillons qui voletaient, un louveteau qui n'avait pu les attraper et s'était rabattu sur un bout de bois, un aigle qui avait saisi le bout de bois du louveteau avant de le relâcher dans le fleuve, une éphémère qui s'y était posée, et Ossoufri Laboda qui, ayant ensuite voulu l'avaler, avait été capturé par un animal humain, toutes circonstances sans l'enchaînement desquelles il n'aurait jamais pu parler à l'esturgeon – ni même le rencontrer.

Tous les poissons étaient repartis. Mitrofane Stakhanov regarda à nouveau devant lui, où il n'y avait que de l'eau, du ciel et des arbres au loin, de l'autre côté du fleuve immense et paisible, d'un gris-vert ocellé parfois de nuances de mauve, avec le morceau de bois qui doucement disparaissait vers la gauche, c'est-à-dire vers l'embouchure – mais cela, Mitrofane Stakhanov ne pouvait pas non plus le savoir, vu qu'il ignorait totalement ce qu'était une embouchure.

VI
Où le renard Iaroslav Fafnir est bien forcé de se nourrir de façon très peu renardière

Chez les renards Fafnir il y avait plusieurs fratries, réparties sur un territoire qui s'étendait sur des centaines de kilomètres : au nord jusqu'à l'extrême limite de la taïga, voire un peu au-delà, et au sud jusqu'au Grand Lac, où les Fafnir, disait-on, abondaient au point que la divinité du lac, Dianda, lorsqu'elle voulait passer inaperçue, choisissait la forme d'un renard pour ses incarnations – qu'elle ratait d'ailleurs les trois quarts du temps, se trompant dans les proportions des oreilles ou des pattes, si bien qu'elle ne passait pas vraiment inaperçue, mais là n'est pas le propos.

Dans la région du Grand Fleuve où vivait Iaroslav Fafnir, c'étaient plutôt les zibelines qui étaient surreprésentées, si bien que c'était généralement en zibeline que s'incarnait Goritsa, la divinité du Grand Fleuve. Mais cela, Iaroslav Fafnir l'ignorait totalement.

D'ailleurs, Iaroslav Fafnir ignorait même qui était Goritsa. Ou, s'il l'avait su, il l'avait oublié.

Il faut dire que Iaroslav Fafnir ne savait pas grand-chose et que le peu qu'il savait, il l'oubliait très vite – car, pour un renard, Iaroslav Fafnir n'était pas très futé.

Si Iaroslav Fafnir avait été, mettons, une poule, personne n'aurait jamais dit qu'il n'était pas futé, car les poules sont elles-mêmes bien loin de l'être, et il faut avouer qu'en comparaison Iaroslav tenait fort bien la route.

Pareil s'il avait été une caille, ou une moisissure. Ou un lombric.

Mais voilà, Iaroslav Fafnir était un renard. Or, s'il y a des caractéristiques pour lesquelles les renards sont bien connus, c'est leur ruse, leur mémoire, leur habileté à échapper aux pièges dont les animaux humains jalonnent leurs itinéraires, leur capacité à inventer toutes sortes de tours pour duper leurs adversaires, leur ingéniosité pour arriver à leurs fins, qui le plus souvent sont des fins alimentaires, ainsi qu'il en va pour la plupart des animaux – hominiens exceptés, puisqu'ils sont quant à eux la plupart du temps à l'abri de cette corvée de devoir jour après jour se battre pour trouver de quoi manger. Et il faut bien reconnaître qu'en comparaison avec les autres renards, qu'ils soient membres de la fratrie Fafnir ou pas, Iaroslav Fafnir n'était pas très futé.

D'abord, il oubliait tout.

Ensuite, il était très maladroit et ne réussissait presque jamais à attraper les proies qu'il pourchassait, si bien qu'il en était souvent réduit à se nourrir de racines et d'insectes rampants, ce qui pour un renard est, avouons-le, une forme de déchéance.

Et comme si cela ne suffisait pas, la plupart des autres renards de sa parentèle s'amusaient souvent à lui jouer des tours et lui raconter des bobards qu'il croyait toujours aveuglément, et ceci dans le seul but de se moquer de lui. En règle générale, il ne se rendait même pas compte qu'il avait été dupé, mais, lorsque cela se produisait, il faisait mine de ne pas s'en soucier et de s'en amuser de bon cœur, même si au fond de lui il en souffrait un peu. Car Iaroslav Fafnir, tout stupide qu'il était, disposait d'une excellente nature, sensible et vulnérable.

Son cousin Brodislav Fafnir, par exemple, lui racontait toutes sortes d'histoires plus abracadabrantes les unes que les autres, qu'il gobait régulièrement. Par exemple qu'il existait des endroits du monde où il n'y avait pas le moindre renard – et devant une telle absurdité Brodislav avait du mal à garder son sérieux –, d'autres où il n'y avait pas d'arbres, d'autres où il n'y avait pas d'eau, d'autres encore où il n'y avait que de l'eau, mais salée – et là, il pensait que la supercherie ne passerait pas, mais non, Iaroslav Fafnir était tellement naïf qu'il croyait tout cela, et bien d'autres choses encore, comme par exemple que le rêve et la réalité étaient pour certains animaux deux choses bien distinctes, ou encore que le Grand Fleuve par endroits était si peu large qu'un renard moyen pouvait le franchir d'un bond, tandis qu'en un autre endroit il était si large qu'il se ramifiait en plusieurs bras entre lesquels des îles abritaient toutes sortes d'animaux fabuleux, comme des bœufs musqués ou des phoques, créatures évidemment inconnues de Brodislav, qui avait simplement un jour entendu par hasard Goritsa prononcer leur nom, et en tout état de cause inimaginables pour le pauvre esprit bassement renardier de Iaroslav Fafnir.

– Mais comment sais-tu tout cela, toi ? demandait alors Iaroslav à Brodislav.

– C'est Goritsa qui me l'a dit, répondait celui-ci.

– Qui c'est, ça, Goritsa ? demandait Iaroslav.

– Une zibeline qu'il ne faut pas manger, rétorquait Brodislav d'un air mystérieux. De toute façon, tu ne parviendrais pas à l'attraper – et généralement la conversation s'arrêtait là, et Iaroslav oubliait presque instantanément ce nom de Goritsa.

Bref, Iaroslav Fafnir n'était pas tous les jours à la fête : sa naïveté, son esprit lent et sa maladresse à la chasse faisaient qu'il passait son temps à supporter les lazzis et quolibets de son cousin Brodislav comme des autres membres de la parentèle, et même au-delà.

Heureusement pour lui, Iaroslav Fafnir disposait de cette faculté d'oubli phénoménale qui l'empêchait de ressasser ses déboires, et donc de souffrir. Ce jour-là, par exemple, il ne se souvenait plus du tout que le matin même son cousin s'était amusé à le faire courir à perdre haleine derrière un écureuil imaginaire, et il était là, oreilles dressées, langue pendante, haletant d'excitation, à observer un couple d'écureuils, tout à fait réels ceux-là, qu'il avait repérés de loin. Il s'agissait de Mitrofane Stakhanov et de sa sœur Olga, mais Iaroslav Fafnir l'ignorait car il ne les connaissait pas – et même s'il les avait connus un jour, ce qui est envisageable vu que Mitrofane

Stakhanov était un écureuil assez renommé et respecté, il ne s'en souvenait plus, comme à son habitude.

Leur activité en tout cas était prodigieuse. Ils sautaient d'arbre en arbre, transportant des dizaines et des dizaines de pignes de sapins et de mélèzes, toujours selon le même itinéraire aller et retour, semblant obéir à une logique de classement et rangement qui demeurait très mystérieuse à Iaroslav Fafnir. Lequel d'ailleurs s'en fichait royalement, très concentré sur les deux écureuils et non sur les raisons précises de leur activité.

Mais ne sachant comment parvenir à attraper l'un de ces deux écureuils, ou même les deux, pourquoi pas, il n'avait guère le choix : il lui fallait attendre, ou bien se lasser et partir. Or Iaroslav Fafnir n'était pas du genre à se lasser lorsque son estomac réclamait son dû. Il attendait donc, espérant un coup de pouce du hasard. Lequel survint tout à coup lorsqu'un des deux écureuils, le plus hyperactif des deux, fit tomber une demi-douzaine de petites pignes de mélèzes et se précipita au sol pour les ramasser, parce que les pignes de mélèzes, n'est-ce pas, c'est comme tout le reste, il ne faut surtout pas les gaspiller, à quoi bon travailler du matin au soir sinon.

Iaroslav Fafnir se concentra, fixa l'écureuil et banda ses muscles, prêt à se ruer sur lui.

Mais l'autre écureuil, celui qui était resté dans l'arbre, avait aperçu Iaroslav Fafnir et poussa un cri très aigu.

L'écureuil qui était au sol laissa précipitamment tomber la poignée de pignes de mélèzes qui lui encombrait les pattes, vit du coin de l'œil une ombre rousse se précipiter vers lui et en un quart de seconde fila comme une flèche dans la direction opposée.

Cependant il avait mal calculé sa trajectoire et se retrouva dans une clairière, qu'il lui fallut bien traverser pour pouvoir rejoindre un arbre sur lequel il lui serait possible de grimper. Heureusement pour lui, quoique malheureusement pour Iaroslav Fafnir, la clairière était fort petite, et Mitrofane Stakhanov put la traverser très rapidement, en direction de deux grands mélèzes, sans trop savoir cependant sur lequel des deux il serait préférable de grimper : celui qui se situait sur sa gauche ou l'autre, sur sa droite. Il opta mentalement pour le plus grand, qui était celui situé à sa droite. Derrière lui Iaroslav accélérait, langue en écharpe. Il touchait presque au but et s'apprêtait à bondir sur l'écureuil avant qu'il ne puisse accéder aux mélèzes lorsque Olga Stakhanova, qui sautait d'arbre en arbre en bordure de la clairière pour suivre la course de Mitrofane, comprit que ç'allait être une question de microsecondes. Son cerveau fonctionnait à toute allure, comme toujours dans les situations d'extrême danger, et elle se dit plusieurs choses à la fois : d'abord que le mélèze de droite, celui vers lequel semblait se diriger Mitrofane, était légèrement plus éloigné de lui que celui de gauche ; ensuite que c'était la perspective qu'en avait Mitrofane depuis le sol qui l'empêchait de se rendre compte de cette légère différence de distance, sans quoi il n'irait pas dans cette direction-là ; enfin que si Mitrofane persistait à se diriger vers ce mélèze le renard aurait très certainement le temps de se saisir de lui. Elle vit aussi une sorte de fossé, juste dans la trajectoire de Mitrofane et du renard.

– À gauche ! À gauche ! cria-t-elle alors.

Mitrofane entendit sa sœur, en un éclair se souvint de l'enseignement du poisson et du sens de l'écoulement des eaux du Grand Fleuve, fit un prodigieux dérapage vers la gauche et gagna le mélèze, sur lequel il grimpa bien vite.

Iaroslav Fafnir quant à lui ne put négocier un virage aussi rapide et, emporté par son élan, atterrit dans le fossé boueux, où il culbuta, pattes par-dessus tête, dans un grand nuage de poussière.

Il se releva bien vite, gris de terre et de boue,

et vexé comme un pou, mais heureusement personne ne l'avait vu – hormis bien entendu les deux écureuils, qui ne perdaient rien pour attendre, pensa-t-il.

C'est en quittant le fossé sans même jeter un coup d'œil vers la cime des mélèzes où Mitrofane Stakhanov, rejoint par sa sœur Olga, reprenait à présent ses esprits que, dans la direction opposée de la clairière, c'est-à-dire vers les berges du Grand Fleuve, Iaroslav Fafnir, qui avait toujours aussi faim, et même un peu plus vu que la course-poursuite l'avait creusé, aperçut une autre proie potentielle : une zibeline, qui avançait vers lui, parfaitement insouciante du danger. Juste après l'écureuil, ça alors, c'était vraiment de la chance ! Et puis il y a davantage à manger. Si l'écureuil ne l'avait pas entraîné jusqu'ici, il ne l'aurait pas vue. Tout n'allait pas si mal, finalement.

Iaroslav se tapit à nouveau, examina ses chances de se ruer sur la zibeline pour en faire son repas et sans réfléchir plus avant passa à l'action. C'est-à-dire qu'il courut vers elle, espérant profiter de l'effet de surprise.

Mais là, ce fut beaucoup plus rapide : lorsque la zibeline aperçut Iaroslav Fafnir qui fonçait vers elle avec des intentions apparemment criminelles, elle comprit qu'il ne servirait à rien de parlementer, fut prise d'une frayeur colossale, et hop, disparut magiquement.

Car cette zibeline était la divinité du Grand Fleuve, Goritsa, qui s'était momentanément incarnée sous cette forme pour arpenter les bois qui bordaient son cours. Or, on l'a dit, Iaroslav Fafnir était probablement le seul animal de la taïga à ignorer, ou à systématiquement oublier qui était Goritsa. Car Iaroslav Fafnir, on l'a dit aussi, était parfois un peu stupide – tout au moins il ne brillait ni par ses connaissances générales, ni par sa mémoire, ni par la suite qu'il pouvait avoir dans ses idées.

Il en resta comme deux ronds de flan. Une zibeline qui disparaît sous mes yeux, ça alors ! s'exclama-t-il. Ça alors ! Ça alors ! répéta-t-il plusieurs fois, prenant même à témoin une colonie de champignons, qui quant à eux n'étaient pas très étonnés, ayant tout de suite très bien compris qui était cette zibeline. Fort contrit donc, Iaroslav Fafnir s'avoua vaincu pour la journée. Deux courses, dont une très longue et presque couronnée de succès, et l'autre qui se termine de façon incompréhensible, c'est trop pour aujourd'hui, se dit-il, exténué.

Et c'est ainsi qu'une fois de plus Iaroslav Fafnir dut se rabattre sur des racines et quelques lombrics, nourriture fort peu digne du renard qu'il était, en espérant vivement que personne ne le verrait ainsi déchoir.

VII

Où Goritsa, la divinité du Grand Fleuve, commence à se lasser qu'on la prenne systématiquement pour une proie

Goritsa était parfois une zibeline.

Ou plus exactement : Goritsa était parfois presque une zibeline.

Et Goritsa, qui était parfois presque une zibeline, savait tout.

Ou plus exactement : Goritsa, qui était parfois presque une zibeline, savait tout ce qui se déroulait le long du fleuve Lena, de son embouchure à sa source, et vice versa. Car Goritsa, avant d'être parfois presque une zibeline, était surtout la divinité du Grand Fleuve. Et pour ses incarnations terrestres, elle choisissait le plus souvent une apparence de zibeline, pour la simple raison que les zibelines étaient les animaux les plus communs le long du Grand Fleuve, c'est-à-dire d'elle-même, et constituaient donc l'incarnation la plus aisée à se remémorer – ce qui entre parenthèses n'était pas loin de témoigner, de la part de Goritsa, d'un manque flagrant d'imagination.

Goritsa savait tout ce qui se déroulait le long de son cours, c'est ainsi qu'elle savait par exemple qui étaient l'écureuil Ptolémée Stakhanov ou le papillon Anastasia Fanfreluche qui vivaient près de sa source, connaissait toutes les familles de zibelines, bien réelles celles-là, que l'on trouvait dans la taïga sur des centaines de kilomètres le long du fleuve, et savait aussi ce qu'étaient un phoque ou un bœuf musqué, animaux qu'on trouvait plutôt du côté de son embouchure – à tel point qu'elle connaissait par leurs noms tous les bœufs musqués qui vivaient dans le delta du Grand Fleuve qu'elle était, et notamment Pamphile Strogonov, le plus puissant des bœufs musqués du grand delta, donc du monde.

Elle connaissait tous les animaux qui vivaient le long de son cours, mais ne parvenait pas toujours à converser avec eux, car la particularité de Goritsa, qui n'était pas loin de constituer un défaut, était qu'elle utilisait toujours des tournures de phrases et un vocabulaire extrêmement sophistiqués, au point que les autres animaux les trouvaient la plupart du temps incompréhensibles.

Si par exemple elle voulait faire part à un ours, ou à un bec-croisé, ou à un champignon, ou à n'importe qui d'autre, qu'elle appréciait le coucher de soleil sur le fleuve, plutôt que de dire :

– Mon cher ours (ou bec-croisé, ou champignon), permets-moi de te dire que je trouve ce coucher de soleil vraiment très beau,

elle éprouvait irrésistiblement le besoin de le formuler de la sorte :

– Lentement le souvenir vermeil du soleil défunt s'évanouit au sein des nuages ourlés d'un liseré d'or, et la splendeur de ses ultimes rayons m'échauffe l'âme aussi bien que le cœur. Ne te semble-t-il pas, ami ours (ou bec-croisé, ou champignon) que ce soir Dame Nature a revêtu ses plus beaux atours ?

Si au contraire elle voulait faire part à un écureuil, un mille-pattes ou un lichen, ou n'importe qui d'autre, de la tristesse que provoquait en elle ce même coucher de soleil, plutôt que de dire :

– Le soleil s'est couché, on n'entend plus un bruit, tout est gris et morne, cela me déprime un peu ; et toi, mon cher écureuil (ou mille-pattes, ou lichen) ?

elle disait plus volontiers :

– Silencieux comme des enfants en deuil, les oiseaux ont cessé leur ramage, et seuls le cri plaintif de la hulotte et le rauque coassement du crapaud troublent le silence solennel qui plane sur le lit du fleuve où le jour mourant exhale son dernier soupir : quelle tristesse, mon cher écureuil (ou mille-pattes, ou lichen), mon âme s'épuise en longs sanglots.

Reconnaissons que c'était un peu fastidieux.

Même les animaux les plus vifs, comme les écureuils ou les loups, ne comprenaient pas grand-chose aux discours de Goritsa. Les animaux plus lents à réagir, comme l'escargot Hélicon Dodo, par exemple, n'en parlons pas : le temps que Goritsa ait terminé une de ses phrases tarabiscotées, il en avait oublié le début. Les fleurs, champignons et moisissures, c'était pire, ils ne comprenaient, mais alors, strictement rien aux propos de Goritsa. Et même les poissons, que Goritsa connaissait mieux encore puisqu'ils vivaient en elle, avaient du mal à la suivre lorsque au hasard de ses incarnations fluviales elle s'adressait à eux.

Ce jour-là, Goritsa se promenait dans la forêt, pas très loin du rivage cependant, car les divinités des fleuves sont toujours plus ou moins prisonnières de l'écoulement de leurs propres eaux et ne peuvent s'en éloigner. Du reste, d'une manière générale, les divinités ne peuvent pas trop s'éloigner d'elles-mêmes, sans quoi leurs pouvoirs magiques disparaissent très vite : celles des lacs ne quittent pas vraiment le lac qu'elles sont, ni celles des forêts leurs arbres, ni celles des fleuves leur lit.

Goritsa avançait donc pas à pas dans les bois, pas trop loin du rivage, prête à disparaître magiquement si un danger survenait sous la forme d'un ours affamé, d'un glouton furieux, d'un loup dévorateur, d'un renard acariâtre, d'un hibou cruel ou d'un aigle ravisseur, tous animaux qui n'hésitent pas à chasser et dévorer les zibelines, qui de leur côté se nourrissent plutôt d'écureuils, de mulots ou d'insectes, sans le moindre état d'âme non plus, car à chacun son régime, et il faut bien vivre.

Cependant, étant un pur esprit, elle n'avait quant à elle pas besoin de chasser, et nul écureuil, nul mulot, nul insecte n'avait à craindre quoi que ce fût. En revanche, elle pouvait fort bien se retrouver entre les griffes d'un des prédateurs sus-cités dans le cas où il ne se serait pas rendu compte à temps de sa nature divine, et c'est pour cela qu'elle se tenait prête à toute éventualité de disparition magique et instantanée.

Car Goritsa, toute divinité qu'elle fût, était très prudente, voire un peu peureuse.

Et donc, tandis qu'elle avançait ainsi dans les bois, Goritsa estima qu'elle se trouvait déjà à distance respectable de son propre cours et qu'elle ferait mieux de ne pas aller plus loin, afin de ne pas dépasser la limite au-delà de laquelle elle deviendrait une zibeline comme les autres, sans le moindre pouvoir magique.

Car Goritsa, répétons-le, était très prudente.

C'est à ce moment-là qu'elle vit se précipiter sur elle un renard passablement crotté, plein de boue et de poussière, qu'elle n'eut aucun mal à reconnaître comme étant Iaroslav Fafnir, dans l'esprit de qui elle n'eut pas davantage de mal à pénétrer. Elle sut donc instantanément qu'il était affamé, qu'il venait de rater à l'ultime seconde l'écureuil Mitrofane Stakhanov qu'il pourchassait, et qu'il comptait bien lui sauter dessus en compensation.

Goritsa pensa un instant (un très court instant) s'adresser ainsi à Iaroslav Fafnir :

– Holà, ami Fafnir, le panache de poussière qui tel un halo t'entoure, ainsi que ton souffle haletant témoignent tous deux d'une grande précipitation. Mais dis-moi, que cherches-tu donc avec tant d'opiniâtreté ? Avant que tu ne me répondes, je tiens cependant à te signaler, à toutes fins utiles, que je suis Goritsa, la divinité du Grand Fleuve, et qu'à cet égard tu devrais y réfléchir à deux fois avant de te jeter sur moi.

Mais elle abandonna bien vite cette idée, s'avisant que Iaroslav Fafnir était probablement le seul animal de toute la taïga qui, petit un, ne la reconnaîtrait pas même s'il la regardait attentivement et, petit deux, ne la croirait pas si elle prenait la peine de l'avertir de sa véritable nature, vu qu'il n'avait jamais entendu parler d'elle, ou du moins ne s'en souvenait pas, ce qui revenait au même, car il était assez limité – si ce n'est, n'ayons pas peur de le dire, un peu stupide.

Elle estima donc plus prudent de s'éclipser magiquement en un éclair de seconde – ce qu'elle fit, sous les yeux de Iaroslav ébahi – et se retrouva instantanément fleuve et non plus zibeline. La conscience qu'elle avait de son être s'élargit soudain démesurément, puisqu'elle venait de passer d'un petit corps mince et agile d'environ cinquante centimètres de long, queue comprise, et pesant environ deux kilos, à une immense masse aquatique lente et lourde de millions de tonnes, longue de quatre mille kilomètres. Ce changement, comme chaque fois qu'elle se métamorphosait ainsi, l'étourdit et il lui fallut quelques instants pour récupérer ses esprits – s'il est permis de s'exprimer de la sorte pour, précisément, un Esprit. Car bien entendu il faut un certain temps pour passer de la conscience limitée d'un seul lieu minuscule à celle, démultipliée, d'une zone immense, et de la vision de quelques arbres, d'un renard et d'un bout de ciel à celle, kaléidoscopique et instantanée, de toutes les eaux qui la constituaient en tant que fleuve, de tous les animaux qui vivaient en elle et autour d'elle, ainsi que de tous les cieux et paysages qui se succédaient le long de son avancée, depuis sa source jusqu'à son embouchure.

C'était à proprement parler une expérience extraordinaire.

Et puis soudain Goritsa changea d'avis.

Car il faut dire que, de la même manière qu'elle abusait souvent d'un langage un peu trop fleuri qui perdait quelque peu ses auditeurs, Goritsa avait la particularité de changer brutalement d'idée, d'opinion, de point de vue – ce qui là aussi déconcertait parfois ceux à qui elle s'adressait.

Elle se dit qu'après tout elle n'avait pas à se laisser impressionner de la sorte par un renard stupide – et décida de s'incarner à nouveau, avant même d'avoir pu pleinement récupérer sa nature de fleuve. Un peu par hasard elle considéra un morceau de bois qui flottait à sa surface, le seul parmi les milliers de bâtons, branches et troncs qu'elle charriait le long de ses quatre mille kilomètres à être aussi richement pourvu de souvenirs de présences animales diverses : en effet elle y décelait celles, assez récentes, d'un esturgeon, d'une éphémère, d'un aigle, de trois louveteaux, de deux papillons et de multitudes d'insectes et, dans des temps plus anciens, lorsque ce morceau de bois appartenait à un arbre, celles de divers écureuils, insectes et oiseaux de toute sorte.

Cette diversité l'attira et l'intrigua à la fois, et elle s'y projeta sous la forme, tiens, pourquoi pas, d'une grenouille. Elle serait à l'abri, seule au milieu du fleuve, et aurait le temps de reprendre pleinement ses esprits. Ensuite, se disait-elle, elle choisirait une autre incarnation.

Ou pas, si jamais elle changeait encore d'avis.

Bien entendu, il lui fallut quelques instants pour assimiler à nouveau le changement d'échelle, en sens inverse. Car même si elle n'avait pas encore récupéré la pleine conscience de sa nature de fleuve, le passage à la vision du monde très réduite d'une minuscule grenouille n'était pas instantané, loin s'en faut.

Le bout de bois sur lequel elle se trouvait à présent lui révélait peu à peu son histoire, et elle comprit que, si elle se trouvait dessus, c'était grâce à une succession d'événements étroitement liés les uns aux autres :

d'abord grâce aux papillons Anastasia Fanfreluche et Sonia Baboutchka qui, bien plus au sud, s'y étaient posés ;

puis au louveteau Dimitri Arkhangelsk qui, n'ayant pu les attraper, s'était rabattu sur ce bout de bois ;

puis à l'aigle Lelio Lodoli qui, le voyant près des louveteaux Arkhangelsk, l'avait saisi avant de le relâcher dans le fleuve ;

puis à l'éphémère Mimolette Perséphone qui de ce fait s'y était posée à son tour ;

puis à l'esturgeon Ossoufri Laboda qui, ayant voulu avaler l'éphémère, avait été capturé par un animal humain ;

et qui, ayant été relâché loin de sa famille, avait rencontré l'écureuil Mitrofane Stakhanov, à qui il avait enseigné comment distinguer sa gauche de sa droite ;

et enfin au renard Iaroslav Fafnir qui, pour cette raison précisément, n'avait pu attraper Mitrofane et s'était, en guise de compensation, précipité sur elle.

Goritsa était tellement à l'écoute de ce que lui révélait le bout de bois qu'elle faillit ne pas se rendre compte qu'un danger la guettait de tout là-haut, sous la forme d'une sterne arctique nommée Solena Kilometra, qui, affamée et apercevant cette grenouille sur un morceau de bois flottant, fondit droit sur elle pour s'en saisir, dans le but évidemment de s'en nourrir.

Il faut ici excuser Solena Kilometra : les sternes en effet effectuent des migrations extrêmement longues et éprouvantes, reliant le pôle Sud au pôle Nord sur presque vingt mille kilomètres, et il n'est pas rare qu'avec de telles distances dans les ailes la fatigue leur joue quelques tours. Ainsi, Solena Kilometra ne s'était pas rendu compte de la véritable nature de Goritsa – sans quoi elle n'aurait évidemment jamais osé s'attaquer à elle.

Quoi qu'il en soit, ce n'est qu'au dernier moment que Goritsa perçut l'arrivée de la sterne. Une fois de plus prise de frayeur, elle renonça à toute tentative de discours et disparut instantanément, réintégrant sa nature de fleuve et subissant à nouveau le choc de la différence d'échelle, ce qui pour la troisième fois en un rien de temps l'étourdit quelque peu. Lassée de tous ces allers-retours elle se jura à elle-même qu'on ne l'y prendrait plus : elle en avait fini avec ces incarnations en animaux susceptibles d'être digérés par d'autres. Dorénavant, se dit-elle, il lui fallait être raisonnable. Elle ne s'incarnerait qu'en ours, en loup, en bœuf musqué ou en glouton : en prédateur uniquement, ou du moins en animal puissant, et plus en zibeline, encore moins en grenouille – quelle drôle d'idée d'ailleurs, qu'est-ce qui lui avait donc pris ?

Pour être plus précis, elle formula cette pensée de la façon suivante :

– Ô sort funeste ! Ô maudite infortune ! Ah, cette violence aveugle dirigée contre moi m'afflige et me désole ! Oui, mon âme saigne d'être ainsi considérée comme une proie par tant d'animaux qui, certes, ne pensent pas à mal, mais ce faisant mettent en péril mon intégrité physique ! C'en est trop à présent, je ne puis plus continuer de la sorte… Le souvenir de mes déboires récents me heurte au plus profond. Il ne sera pas dit que je ne réagirai pas de manière drastique à cet état de fait : qu'on se le dise, à partir de maintenant, je bannis à jamais toute incarnation en animaux susceptibles de fournir le repas d'un autre, mulots, zibelines, écureuils et autres grenouilles. À moi loups et gloutons, ours et bœufs musqués ! À moi nobles dynasties des Arkhangelsk, des

Gourbi, des Popovitch, des Strogonov ! C'est vous à présent qui fournirez l'essentiel de mes habits animaliers, lorsque me prendra la fantaisie de parcourir, bien innocemment, mes propres rives !

Mais évidemment, c'était un peu long à déclarer – voire tout à fait inutile, vu que personne n'écoutait, sauf elle-même, qui était à la fois le théâtre, l'acteur et le public de sa propre pièce.

La sterne quant à elle piqua du bec sur le morceau de bois et ne comprit rien à rien, ce qui eut le don de l'agacer prodigieusement – mais c'est une autre histoire.

VIII
Où l'élan Spiridon Titov se reconvertit brièvement en professeur de poésie pour la sterne Solena Kilometra

Je me promenais le long des rives du Grand Fleuve, perdu dans mes pensées, lorsque j'ai vu à quelques mètres du rivage Solena Kilometra qui s'acharnait à piquer mystérieusement du bec sur un bout de bois flottant. Ensuite elle a abandonné le bout de bois qui a continué son chemin vers le large, elle a volé vers la rive, s'est posée sur le sable, a marché un peu en abandonnant derrière elle les petites traces triangulaires de ses pattes, et je l'entendais qui râlait – ce qui ne m'a pas vraiment étonné vu que les sternes râlent tout le temps. Au bout d'un moment, elle s'est avisée de ma présence non loin d'elle et m'a interpellé.

Je ne peux pas dire que j'étais ravi que Solena Kilometra éprouve le besoin de me parler. Je la connais bien : chaque année elle arrive ici après un très long voyage, de plus de vingt mille kilomètres, dit-elle – chose dont elle se vante assez. Comme elle n'est de toute façon jamais contente, elle avait probablement encore à se plaindre de quelque chose, et ça allait encore finir en jérémiades et autres récriminations que je ne saurais faire autrement qu'approuver d'un air las, sans oser lui dire qu'elle me fatiguait, car je suis, je crois, plutôt de bonne composition.

J'étais d'autant moins ravi que, juste avant de la voir s'escrimer sur son bois flottant, j'étais en train de réfléchir à la composition d'un nouveau poème. Si je parvenais à l'achever, j'irais ensuite le réciter à ma tendre aimée, Oulyma Kolyma.

Ce poème disait à peu près ceci :

J'ai attrapé mon oiseau bleu
Je l'ai caché
Au plus profond de mes forêts
Je l'ai caché
Dans l'eau trouble de mes pensées
Parfois je le sors
Pour lui parler
De toi de moi
De nos âmes parfois séparées

Et il m'écoute
Il me promet
Un matin bleu mardi
Un rêve liquide samedi
Un bonheur fou jeudi
Un poème aujourd'hui
Sa mort promise mercredi
À qui puis-je en parler ?

Bon, évidemment il n'était pas terminé. C'était juste un brouillon. Il me fallait encore l'arranger, le peaufiner. Le rendre plus présentable, en somme. Et puis l'apprendre par cœur sans bafouiller, pour pouvoir le réciter le soir à Oulyma Kolyma. Tout cela prend du temps, et c'est pourquoi je me promenais le long des rives du Grand Fleuve, car cela m'apaise et favorise l'inspiration – surtout en fin de journée, lorsque le silence est intense, le ciel barbouillé de couleurs vives, la fraîcheur vivifiante et les eaux presque mauves à force d'être bleues.

Et voilà que Solena Kilometra m'interpellait soudain, de sa petite voix aiguë :

– Eh ! Spiridon Titov ! Tu tombes bien, tiens ! Tu ne devineras jamais ce qui m'est arrivé !

Et, n'attendant même pas ma réponse, ce qui en

soi n'était pas surprenant vu qu'il ne s'agissait pas d'une question, elle vint se poser sur mes bois, qui sont larges et plats comme une immense main d'animal humain. Ou comme le bout de bois flottant sur lequel elle piquait du bec tout à l'heure.

Étant donné qu'elle était perchée sur ma tête, je ne la voyais plus, mais je l'imaginais, toute petite, blanche et noire, sur mes grands bois, et je me disais que nous devions être assez amusants à voir.

Cela me fit penser à un possible début de poème :

À l'époque où les sternes
Sur les bois des élans
Ricanent bêtement
C'est la fin du printemps

Mais ça ne valait pas grand-chose, aussi je l'ai tout de suite oublié.

Et du reste, elle ne ricanait pas.

Le vent dans les derniers bouleaux chassait les gobe-mouches et les pouillots. Un peu plus au nord, il n'y avait plus de bouleaux, uniquement des mélèzes. Plus au nord encore, il n'y avait même plus d'arbres, juste la toundra, une immense étendue plate et nue, aux belles nuances de vert et de brun. Je le savais parce que je l'avais vue un jour, alors que j'étais encore un tout jeune faon, avec ma mère qui s'était égarée par là après avoir fui devant un chasseur.

– Alors imagine-toi, dit Solena Kilometra sans plus de préambule, que j'ai aperçu une grenouille posée sur ce bout de bois qui flotte là-bas – d'ailleurs, tu peux encore l'apercevoir si tu te tournes vers la gauche.

Je me tournai vers la gauche.

– Ah oui, dis-je, je le vois qui s'en va au loin, en effet. C'est très intéressant.

En vérité, je n'en avais pas grand-chose à faire, mais comment le dire sans vexer Solena Kilometra, qui, je l'ai dit, se vexe très facilement, comme toutes les sternes. Et ensuite elle s'énerve et pousse des petits cris qui me fatiguent. Je n'avais pas besoin de ça. J'avais besoin de calme, pour mon poème.

– Tiens, fit-elle, il a un peu la même forme que tes bois, je n'avais pas remarqué tout à l'heure.

– Ah oui, peut-être, admis-je.

– Bref, reprit Solena Kilometra. Tout à l'heure, je vois une grenouille posée dessus, alors qu'est-ce que je fais, d'après toi ?

Je n'ai pas répondu car je me suis dit que c'était juste une question rhétorique destinée à faire avancer son propre discours, à laquelle elle répondrait elle-même, mais pas du tout.

– Qu'est-ce que je fais, à ton avis ? Hein ? Spiridon ? Quand je vois une grenouille toute seule sur un bout de bois, qu'est-ce que je fais ? Mais réponds !

– Euh… je ne sais pas, moi, fis-je précipitamment. Tu vas la saluer ?

Solena poussa un petit cri perçant.

– La saluer ? Mais tu es complètement hors de la réalité, mon pauvre Spiridon Titov ! Ça ne m'étonne pas, toujours à rêvasser avec tes poèmes à la noix… La saluer ! Et puis quoi encore ?

– Ben, je ne sais pas… fis-je, un peu vexé. Tu me salues bien, moi, quand tu me vois.

– Non, mais alors… C'est vraiment n'importe quoi, je te jure… Évidemment que je te salue, puisque nous nous connaissons ! Et puis surtout, toi, tu n'es pas comestible, que je sache !

C'était donc ça. Avec les carnivores, insectivores, piscivores et autres grenouillivores, c'est toujours pareil, ils ne pensent qu'à manger.

– Ah, d'accord, je comprends, soupirai-je. Quand tu vois une grenouille, tu te précipites sur elle pour la manger ?

– Mais bien sûr, que veux-tu que ce soit d'autre ? Je ne sais pas si tu t'imagines que j'ai fait vingt mille kilomètres – oui, vingt mille, figure-toi ! – pour venir jusqu'ici. Il en faut, du temps, pour reprendre des forces après un tel périple. Des jours et des jours, parfois des semaines. Alors tu penses bien qu'une fois arrivée, totalement épuisée et affamée, je ne vais pas passer mon temps à saluer les grenouilles. J'ai plutôt envie de remplir mon estomac.

– Certes, fis-je, conciliant. Mais…

– Mais quoi ? réagit immédiatement Solena Kilometra, décidément très susceptible.

Cette grenouille semblait l'avoir beaucoup contrariée.

– Euh… je veux dire : je croyais que vous autres, les sternes, vous vous nourrissiez exclusivement de poissons, hasardai-je.

– Eh bien, moi, il m'arrive de faire quelques entorses à mon régime, affirma Solena Kilometra en criant un peu plus. J'en ai bien le droit, non ?

J'en convins. D'autant que je m'en moquais complètement, de son régime, à Solena Kilometra. Elle commençait à être très en colère.

– Avec tous les kilomètres que je parcours d'un bout à l'autre du globe, j'ai tout de même bien le droit de varier mon régime de temps en temps si j'en ai envie, non ? insista-t-elle sur un ton perçant.

Je ne la voyais toujours pas, perchée sur mes bois, mais je l'imaginais furibonde, l'œil aigu, les plumes ébouriffées.

– Oui, oui, tu en as le droit, si ça te fait plaisir, dis-je.

– Tout de même ! continua-t-elle.

Il y eut un silence.

– Ce serait malheureux ! insista-t-elle.

Je ne répondis rien. Silence.

– Après vingt mille kilomètres ! poursuivit-elle.

Je me mis à penser qu'on finirait par le savoir, qu'elle avait parcouru vingt mille kilomètres. Mais je ne dis rien. J'attendais. Un autre silence s'installa. Elle devait être en train de se calmer.

Au bout d'une minute, je me hasardai à lui adresser la parole.

– Cela dit, avançai-je timidement, les autres sternes aussi parcourent vingt mille kilomètres pour venir jusqu'ici.

– Je le sais bien, et alors ? répliqua-t-elle aussi sec.

– Et alors, du coup, ça n'est plus vraiment un argument pour ton changement de régime par rapport aux autres – mais ça n'a pas d'importance, enchaînai-je très vite, non, non, je t'assure, ça n'a aucune importance ! Tu disais donc que tu avais vu la grenouille, et puis ?…

– Et puis, et puis… Que veux-tu que je te dise ? Elle a disparu, tout bonnement ! Je m'approchais d'elle, et puis, pfuit, plus rien ! Ça m'a énervée, mais alors, c'est rien de le dire ! Du coup, j'ai picoré le bout de bois pour passer mes nerfs. Comment expliques-tu ça, toi ?

– Elle aura plongé, dis-je.

– Tu me prends pour une idiote ? répliqua Solena. Non, elle n'a pas plongé, je l'aurais vue. Elle a disparu, je te dis.

Je réfléchis un peu.

– Alors c'est que ce n'était pas une grenouille.

– Ben voyons, fit Solena, ironique. Pas une grenouille, c'est ça ! Je ne reconnais plus mes proies, maintenant… C'était un renard argenté, peut-être ? Ou une libellule, tiens. Pourquoi pas une libellule ? Ou un ours ? Oui, j'ai dû confondre une grenouille et un ours, ça doit être ça.

– Non, fis-je, sûr de moi. Ce n'était certainement pas un ours. Mais ce devait être Goritsa. Je ne vois pas d'autre explication.

– Pfff. C'est qui, déjà, Goritsa ? La divinité du fleuve, c'est ça ?

– Évidemment, soufflai-je en haussant les épaules. Tout le monde sait qui est Goritsa. Et surtout tout le monde la reconnaît, même de très loin – à l'exception, paraît-il, d'un rejeton des renards Fafnir, beaucoup plus au sud, mais lui c'est différent, parce qu'il est un peu stupide. Bizarre que tu ne l'aies pas reconnue. Pourtant, c'était sûrement elle. Les grenouilles, ça ne disparaît pas magiquement, que je sache.

Solena Kilometra quitta mes bois et vint se poser devant moi. Elle était vraiment toute petite. Apparemment, elle était calmée.

– Tu crois que c'était Goritsa ? demanda-t-elle, un peu piteuse.

– Si je te le dis. Je ne vois pas d'autre explication.

Elle semblait contrariée.

– Je me demande si je ne l'ai pas un peu vexée en piquant sur elle, murmura-t-elle. Elle risque de m'en vouloir, non ?

– Ah, ça, je ne peux pas te dire, avouai-je.

– Et si elle m'en voulait, et qu'elle fasse en sorte que je ne puisse plus pêcher le moindre poisson dans ses eaux, tu te rends compte ? Je mourrais de faim…

– Ah oui, fis-je. Je n'y avais pas pensé. Mais dans ce cas, oui, c'est sûr.

Sur le coup, je m'en voulus un peu de ne pas avoir l'air plus inquiet que cela pour Solena Kilometra, mais il faut dire qu'elle m'avait agacé, avec son sale caractère. Et puis je sais bien que Goritsa ne laisserait personne mourir de faim en l'empêchant de pêcher dans ses eaux. Je la connais bien, Goritsa, ce n'est pas du tout son genre.

Solena restait là devant moi, les deux pattes dans le sable, à ne savoir que faire. Elle avait l'air de réfléchir intensément.

– J'aurais un service à te demander, fit-elle soudain.

Allons bon, voilà autre chose, pensai-je. Mais je ne le dis pas, évidemment.

– Je t'écoute, dis-je plutôt.

– Si je rejoignais le bout de bois là-bas, puisque c'est le dernier endroit où elle a été vue par quelqu'un, en l'occurrence par moi, et que j'aille m'excuser, tu crois que ça aurait de l'effet ?

– Certainement, affirmai-je.

– Et, euh… si je m'excusais en lui récitant par exemple un joli poème que tu m'aiderais à composer, ce serait peut-être mieux, non ?

– Peut-être, admis-je.

– Car vois-tu, je ne sais pas trop bien m'y prendre pour m'excuser de quelque chose. Comment dire… Les excuses, ça n'est pas trop mon truc, si tu veux.

– Ah ça, oui, j'avais cru remarquer, dis-je.

– Alors, vois-tu, un petit poème que tu m'aiderais à composer…

Je baissai la tête vers elle. Je me disais qu'avec mon gros museau et mes grands bois je devais être assez impressionnant pour une toute petite créature comme elle. Je la regardai fixement.

– Que je t'aiderais à composer… Que je composerais pour toi, tu veux dire ?

– Euh… oui, peut-être, en quelque sorte, admit-elle en baissant les yeux. Parce qu'il est vrai que, bon, les poèmes, comment dire…

– Ça n'est pas trop ton truc ?

– Voilà, exactement. Pas trop mon truc.

Je soupirai un grand coup et redressai la tête.

– Je vais voir ce que je peux faire, déclarai-je, bon prince. Mais je vais te dire quelque chose, Solena Kilometra : à l'avenir, tu devrais faire preuve de plus de discernement et de patience. Et aussi, tu devrais apprendre à ne pas t'énerver pour un oui pour un non. Parce que ça, tu vois, c'est très perturbant pour les autres. On ne sait jamais comment te parler. Alors ensuite, quand tu as besoin de leur demander un service, ils peuvent très bien t'envoyer balader, si tu les as agacés.

– Je comprends, fit Solena Kilometra. Mais pas toi, hein ? Toi, tu ne m'envoies pas balader ?

Soudain, elle me fit un peu de peine. Elle était si petite… Elle avait parcouru la moitié de la planète, avait volé pendant vingt mille kilomètres, et à présent elle mourait presque de faim. Par malchance, elle s'était ruée sur une grenouille qui n'était pas une grenouille et se trouvait bien penaude à présent.

– Pas moi, non, lui dis-je, rassurant.

Elle prit son envol et revint se poser sur mes bois. Je ne la voyais plus, mais je savais qu'elle était contente et très émue. Seulement, elle ne voulait pas le montrer.

Je lui composai donc rapidement un court poème d'excuse (douze vers) auprès de Goritsa. Il commençait ainsi :

La Lena dont l'onde tremblotante
Réfléchit la clarté des cieux,
Paraît dans sa course brillante
Étinceler de mille feux.

Cela me semblait une assez bonne introduction, propre à amadouer Goritsa si jamais elle était vexée.

Ensuite il y avait la partie où Solena s'excusait de ne pas avoir reconnu Goritsa. À quoi je pris soin de joindre une requête purement alimentaire, concernant les poissons.

Après qu'elle l'eut appris, Solena Kilometra me remercia au moins dix fois, fila à tire-d'aile, et je la perdis de vue.

Je pus enfin reprendre ma marche solitaire le long du fleuve et continuer à améliorer le poème que j'allais réciter le soir même à ma tendre aimée, Oulyma Kolyma. Je voulais y introduire les vers suivants :

Qui te voit, muette et pensive,
Seule rêver le long du jour,
Te prend pour la biche native
Qui soupire un premier amour.

Et franchement, ça n'était pas évident, de faire coller ça avec le reste. C'est que c'est du travail, la poésie. Seules les têtes de linotte comme Solena Kilometra peuvent proférer des bêtises telles que : « Tu es complètement hors de la réalité, ça ne m'étonne pas, toujours à rêvasser avec tes poèmes… » C'est totalement ridicule. Comme si les poèmes, ça n'était pas la réalité ! Ça l'est au moins autant que les arbres, les rochers, l'herbe, les rêves, l'eau du fleuve ou les sternes. C'est du solide. Ça se travaille.

La suite, c'est Solena Kilometra qui me l'a racontée, le lendemain. Après m'avoir quitté, elle vola quelques longues minutes, ou peut-être même quelques heures – fort heureusement, la nuit ne tombe jamais vraiment par ici, si bien qu'elle finit par trouver le bout de bois, bien plus loin au nord, là où la taïga cède la place à la toundra, et se posa dessus avec précaution. Il tangua un peu sous son poids, pourtant fort léger, mais elle ne se laissa pas distraire et elle récita le poème, du mieux qu'elle put. Dès qu'elle eut fini, elle entendit comme un grand bruit de froissement, ou d'ébullition, et vit la surface de l'eau se rider. En se hissant un peu dans les airs, elle aperçut alors des milliers de minuscules poissons délicieux qui en une fraction de seconde étaient arrivés, tous ensemble, et s'étaient mis à frétiller tout autour du bout de bois, près de la surface, dans le but avoué de se faire cueillir – du moins selon l'opinion, plutôt partisane, de Solena Kilometra. Elle n'eut alors qu'à plonger à plusieurs reprises pour se servir, jusqu'à être totalement rassasiée. Jamais de sa vie, me dit-elle,

elle n'avait fait un aussi grand festin. Le bout de bois quant à lui avait vu sa course au fil de l'eau s'infléchir légèrement du fait du poids de Solena Kilometra tandis qu'elle récitait son poème, et aussi de l'afflux des milliers de poissons autour de lui. Elle le vit dévier vers la droite, et s'immobiliser presque au bord de la rive, coincé par une grosse touffe d'herbe et de branchages mêlés.

IX
Où le lièvre arctique Anatoli Patamouchto, jaloux d'une paire d'oreilles en bois, se trouve assez vite rassuré

Anatoli Patamouchto était un jeune lièvre arctique très fier de ses belles moustaches.

Mais pas uniquement de ses moustaches. Il était aussi très fier de ses pattes arrière musclées qui lui permettaient de fuir à toute vitesse lorsque approchait un loup arctique ou un renard polaire, de ses oreilles fines qui lui permettaient d'entendre venir de loin ces mêmes prédateurs, de ses dents bien aiguisées qui lui permettaient de croquer avidement saxifrages et branches de saule, et surtout de sa robe, blanche en hiver, gris-brun en été, et moitié blanche moitié grise le reste du temps – à l'exception de ses pattes, qui restaient blanches toute l'année, et c'était encore plus joli.

Bref, globalement, Anatoli Patamouchto était assez content de lui.

Si quelqu'un lui avait dit par exemple que ses oreilles, comparées à celles des autres espèces de lièvres, étaient somme toute assez courtes, il ne l'aurait pas cru et aurait demandé à ce quelqu'un si par hasard il n'avait pas purement et simplement rêvé de telles absurdités. À quoi ce quelqu'un aurait d'ailleurs pu lui répondre qu'étant donné que rêve et réalité ne différaient quasiment pas cela n'invalidait aucunement son affirmation, mais passons.

Si quelqu'un d'autre lui avait suggéré que le blanchiment de sa robe à l'approche de l'hiver n'avait rien d'exceptionnel, vu que le même phénomène se produit chez les renards polaires, les lagopèdes ou les hermines, il aurait rétorqué à ce quelqu'un d'autre que peut-être, mais que ce sont là animaux bien moins rapides et moins gracieux que lui, ce qui, pour le second point au moins, se discute, mais bon.

Et si un autre quelqu'un d'autre lui avait fait remarquer que beaucoup d'animaux, si on y regarde d'assez près, avaient d'aussi belles moustaches ou d'aussi belles dents que lui, alors là il se serait mis à ironiser à l'infini sur de telles absurdités, et à coup sûr se serait instantanément fâché avec cet autre quelqu'un d'autre.

De toute façon, c'est bien simple : Anatoli Patamouchto avait toujours raison. Ou plutôt il ne supportait pas d'être contredit. Et comme tous ceux qui sont persuadés d'avoir toujours raison, il pouvait à l'occasion témoigner d'une mauvaise foi extrême.

En outre, il avait pour habitude, dans la plupart des conversations, de poser à tort et à travers la question « Pourquoi ? », si bien que son interlocuteur, de guerre lasse, abandonnait souvent la partie sans terminer ce qu'il avait à dire.

Bref, qu'on le contredise ou pas, Anatoli Patamouchto n'était pas un mauvais bougre, mais enfin, il n'était pas non plus l'interlocuteur idéal.

Il vivait dans la partie septentrionale du bassin du Grand Fleuve Lena, là où les arbres ont quasiment disparu. C'est le début du royaume de la toundra tapissée de lichens, et des rocs bruns et nus. C'est le royaume où le soleil ne se couche presque jamais en été, et presque jamais ne se lève en hiver, lorsque la neige et les glaces ont tout envahi. Par endroits les rives du Grand Fleuve sont bordées de hautes falaises, ailleurs ce sont de grandes plages de galets qui s'étirent au-devant de petites montagnes faiblement gazonnées. C'est le royaume de l'immensité, du désert froid et du silence, qui, comme chacun sait, sont parmi les choses les plus précieuses au monde.

Un jour qu'il se promenait sur les rives du fleuve, à la recherche de branches de saule que le courant aurait pu transporter jusque-là, Anatoli Patamouchto vit courir vers lui Patchemou Patamou, un de ses cousins, un lièvre arctique rapide comme lui, aussi jeune que lui, à la robe gris-brun comme la sienne, aux pattes restées blanches comme les siennes, aux longues et fines oreilles comme les siennes, à la moustache frémissante comme la sienne.

Bref, Patchemou Patamou ressemblait beaucoup à Anatoli Patamouchto, mais en moins bien.

« En moins bien » selon le strict point de vue d'Anatoli Patamouchto, évidemment. Car il n'est pas certain du tout que Patchemou Patamou le partageât.

Patchemou Patamou arrêta brusquement sa course, pattes en avant, à quelques centimètres d'Anatoli Patamouchto, qui reçut sur son museau les quelques graviers que le freinage intempestif de son cousin avait projetés sur lui. Il ferma les yeux.

– Anatoli, il faut que… commença Patchemou Patamou.

– Eh, oh, attention, ma moustache ! s'exclama Anatoli.

– Quoi, ta moustache ? fit Patchemou.

– En freinant comme un forcené, tu as projeté des graviers sur ma moustache !… Tu pourrais faire attention, tout de même, ça l'abîme ! Pourquoi as-tu freiné si brusquement ?

– Bon, bon, ça va, maugréa Patchemou Patamou. « Ça l'abîme », tu parles… Faire une histoire pour quelques malheureux cailloux sur une moustache, je n'ai jamais vu ça. Écoute plutôt ce que j'ai à…

– Évidemment, toi, tu t'en moques, l'interrompit Anatoli, ta moustache est tout à fait banale. Si tu en avais une comme la mienne, tu y ferais attention.

– Mais qu'est-ce que tu racontes ? dit Patchemou Patamou, abasourdi. J'en ai une comme la tienne ! Exactement la même !

– Pas du tout, rétorqua Anatoli Patamouchto. Elle est bien moins belle, c'est évident, pourquoi ne veux-tu pas l'admettre ?

Patchemou Patamou écarquilla les yeux d'un air incrédule.

– Euh… Non, désolé de te contredire, cher cousin : nos moustaches sont parfaitement identiques – mais peu importe, enchaîna-t-il, ce n'est pas pour comparer nos moustaches respectives que je te cherchais. Je voulais…

– Ah bon, tu me cherchais ? fit Anatoli Patamouchto. Et pourquoi ?

– Eh bien, parce que… Ah, mais vas-tu cesser de demander « Pourquoi ? » à tout bout de champ, c'est agaçant à la fin !

– D'accord, d'accord, fit Anatoli Patamouchto, un peu vexé. Mais enfin, pourquoi ne pas demander pourquoi lorsqu'on veut savoir pourquoi ? murmura-t-il – et Patchemou Patamou se demanda à cet instant précis s'il se moquait de lui ou pas. Dans le doute, il choisit de faire comme s'il n'avait rien remarqué.

– Écoute, reprit-il précipitamment, il y a là-bas un lièvre qui est en train de se noyer, ou qui est déjà mort, il faudrait faire quelque chose.

Anatoli Patamouchto regarda son cousin d'un air suspicieux.

– Un lièvre en train de se noyer ? Tu en es sûr ? Qu'irait faire un lièvre dans l'eau ? Tu as rêvé, ou quoi ?

Patchemou Patamou soupira.

– Même si je l'avais rêvé, ça ne changerait pas grand-chose, tu sais bien. Depuis quand es-tu capable de différencier le rêve de la réalité, toi ?

– Depuis toujours, affirma Anatoli. L'autre fois,

par exemple, j'ai rêvé que je volais. Eh bien, je sais que dans la réalité ce n'est pas possible. C'est ça, un rêve.

– Tu as déjà essayé de voler ? demanda Patchemou.

– Ben non, pourquoi ?

– Mais enfin, s'emporta Patchemou Patamou, comment peux-tu être certain que tu ne sais pas voler, puisque tu n'as jamais essayé ? Et puis de toute façon, quand tu es dans la réalité du rêve, tu sais voler, non ? C'est ça, l'important. Allez, trêve de bêtises, viens voir, il faut y aller, c'est juste après le coude du fleuve.

– Mais pourquoi ? fit Anatoli Patamouchto.

– Bon sang, on n'en sortira jamais ! Pour secourir le lièvre qui est dans l'eau, pardi !

Et Patchemou Patamou fila comme un obus dans la direction qu'il avait indiquée. Anatoli Patamouchto hésita un instant, mais comme après tout il n'avait rien de mieux à faire, il suivit son cousin.

Et puis il se disait que ce serait l'occasion de lui montrer qu'avec ses belles pattes arrière musclées il courait encore plus vite et plus gracieusement que lui.

Cependant, comme Patchemou Patamou avait pris pas mal d'avance et allait très vite, Anatoli dut courir au maximum de ses capacités pour parvenir, non pas à le rejoindre, mais à ne pas trop se laisser distancer. Une fois passé le coude du fleuve, un vaste paysage s'ouvrit devant lui. La Lena à cet endroit était extrêmement large, si large qu'on n'en apercevait pas l'autre rive. Tout ce que l'on voyait, c'était quelques îles qui parsemaient son cours, et tout au loin des collines couronnées d'arbres minuscules, puis des petites montagnes pierreuses. Encore plus loin, vers le nord, il y avait la partie la plus septentrionale de la toundra, avec le grand delta de la Lena, ses troupeaux de bœufs musqués et ses milliers d'oiseaux qui couvraient le ciel de leurs ailes froufroutantes. C'était en tout cas ce que sa mère, Anna Grigorievna Patamouchto, lui racontait lorsqu'il n'était encore qu'un lapereau. Mais Anatoli n'avait jamais vu de bœuf musqué, pas même en rêve. Sa mère non plus n'en avait jamais vu, mais elle tenait cela de sa propre mère, qui le tenait de sa mère, et ainsi de suite jusqu'au fond du puits des âges. Tout ce qu'il savait, c'était qu'il s'agissait d'animaux gigantesques et très puissants. Un peu effrayants, pour tout dire. Heureusement qu'il n'en avait jamais vu.

Arrivé à l'endroit où l'attendait son cousin, Anatoli Patamouchto fit de son mieux pour ne pas paraître essoufflé du tout malgré sa course folle. Il s'appliqua à respirer profondément, pour donner le change. Il fit également de son mieux pour ne pas avoir l'air aussi vexé qu'il l'était de n'avoir pu, en dépit des muscles magnifiques de ses pattes arrière tout aussi magnifiques, arriver en même temps que Patchemou, voire avant lui – mais dans ce cas c'eût été compliqué, vu qu'il ne savait pas où il devait aller.

Non, finalement, les choses sont bien faites, se dit-il. De toute façon, je devais bien le suivre, alors.

À un niveau de conscience légèrement inférieur, il se dit aussi qu'un peu moins de retard, tout de même, lui eût mieux convenu et que c'était une question de standing, mais il ne se le formula pas en termes aussi précis.

Patchemou Patamou quant à lui ne se souciait pas de savoir s'il était arrivé longtemps avant, un peu avant ou très peu avant son cousin. Pour tout dire, il s'en fichait éperdument. Il fixait d'un air accablé une silhouette lapiniforme, ou liévriforme, qui flottait immobile à la surface de l'eau, à quelques mètres du rivage, coincée par une touffe d'herbes aquatiques.

– C'est triste, hein ? murmura-t-il.

– Quoi donc ? fit Anatoli.

– Ben, ce lièvre, là, répondit Patchemou en désignant du bout de son museau la forme immobile.

– Et pourquoi ?

Patchemou Patamou fixa son cousin d'un air furibond.

– Tu es vraiment incroyable, avec tes « pourquoi » ! Il y a devant toi un lièvre qui est mort noyé, et c'est tout ce que ça te fait ?

– Mort noyé, mort noyé… Rien ne dit qu'il est mort, répliqua Anatoli Patamouchto. Il est peut-être évanoui et a simplement besoin d'aide. Tu devrais aller voir.

Disant cela, il regardait fixement la forme, que l'on discernait assez mal en raison des herbes et branchages qui la dissimulaient quelque peu. Il remarqua surtout les deux oreilles, longues et fines, manifestement plus longues et plus fines que les siennes.

Mais d'où vient-il, celui-là ? pensa-t-il. Jamais vu de pareilles oreilles.

– Tu as raison, dit Patchemou. Je vais aller y voir de plus près.

Il avança lentement vers l'eau. Très lentement.

Très très lentement.

En vérité, s'il avançait aussi lentement, c'est qu'il

avait un peu peur d'y entrer, mais il n'osait pas le dire à son cousin.

– À propos, tu sais nager ? demanda innocemment ce dernier.

Patchemou s'arrêta et tourna la tête vers Anatoli.

– Euh… oui : un jour, j'ai rêvé que je me baignais dans le Grand Fleuve, et j'y nageais admirablement bien. Donc voilà, je sais nager.

– Bien, bien. Tant mieux pour toi. Et dommage pour lui qu'il n'ait pas rêvé la même chose, dit Anatoli Patamouchto. Mais dis donc, fit-il comme en aparté, tu as vu ses oreilles ?

– Quoi, ses oreilles ?

– Elles sont immenses, tu as remarqué ?

– Ah oui, fit Patchemou, qui fixa un peu plus longuement la forme immobile, en effet.

– Pourquoi, d'après toi ?

– Qu'est-ce que j'en sais, moi ? répondit Patchemou. Bon, allez, j'y vais.

– Tu les trouves plus belles que les miennes ? continua Anatoli Patamouchto.

– Je n'en sais rien, répondit Patchemou Patamou. Qu'est-ce que tu veux que ça me fasse ?

– Je me demande d'où il vient, pour avoir de si longues oreilles, poursuivit Anatoli Patamouchto. On m'avait dit un jour que les autres espèces de lièvres avaient des oreilles plus longues que les nôtres, et même que les miennes, mais je ne le croyais pas.

Patchemou soupira, se détourna du cours du Grand Fleuve, revint vers son cousin, se planta devant lui et le fixa.

– Anatoli, fit-il en soupirant, écoute bien : mes moustaches sont aussi belles que les tiennes, je cours aussi vite que toi, et lui, là-bas, a des oreilles plus longues que les tiennes. Voilà. Dure journée, hein ? Mais c'est comme ça, il faut t'y faire. Bon, enchaîna-t-il, moi j'y vais. Sois bien attentif, au cas où j'aurais besoin d'aide. Ce rêve, il y a longtemps que je l'ai fait, j'ai peut-être oublié comment on s'y prend pour nager.

Puis il fit demi-tour et se décida à entrer dans l'eau, qui à cet endroit était très peu profonde.

Anatoli Patamouchto resta immobile. Dure journée, en effet. Dire que tout s'effondrait autour de lui serait un peu excessif, mais enfin, cela le contrariait beaucoup.

C'était pourtant une très belle soirée d'été. Le soleil était tiède et rougeoyant, on le voyait qui s'approchait de l'horizon derrière lequel il ne passerait que très brièvement, d'ici quelques heures. Les vaguelettes du fleuve scintillaient de mille feux. On entendait à peine leur clapotis sur les berges ensablées. C'était d'ailleurs le seul bruit, si l'on excepte par moments le cri bref d'une sterne arctique qui passait par là ou celui que poussait Patchemou Patamou, qui avait apparemment oublié comment s'y prendre pour nager, ou du moins pour nager avec élégance, et qui pataugeait lamentablement dans l'eau très peu profonde. Toutefois il n'abandonnait pas son idée : aller secourir le lièvre aux très longues oreilles qui était coincé dans les branchages, soit qu'il fût déjà mort, soit qu'il fût inconscient.

L'eau était peu profonde du fait que le Grand Fleuve à cet endroit-là de son cours était particulièrement ensablé. Si bien que Patchemou Patamou, tout le long de son parcours, avait presque pied – ou patte.

Presque, mais pas tout à fait jusqu'au bout.

Une fois arrivé près de la forme qu'il avait supposé être un lièvre mort ou inconscient, il perdit en effet pied – ou patte –, se débattit, se trouva embarrassé au milieu de quelques-uns des branchages qui abritaient la forme en question, fut pris de panique, imagina qu'il allait se noyer lui aussi, se débattit encore et encore, heurta son dos, son ventre et ses pattes aux branches qui s'accrochaient à lui comme si elles voulaient le saisir pour l'entraîner dans les profondeurs du fleuve, y perdit des touffes de sa belle fourrure gris-brun, puis il parvint enfin à s'immobiliser, une patte avant sur une branche, l'autre sur la forme en question, qui se révéla être un simple morceau de bois qui, de loin, avait vaguement l'apparence d'un lièvre, peut-être, mais de près, jugea-t-il, pas du tout. Il ne savait pas s'il devait être déçu ou soulagé. Des touffes de ses poils étaient accrochées à ce morceau de bois, que le poids de sa patte fit s'enfoncer un peu sous la surface de l'eau, ce qui eut pour effet de le libérer des branchages qui le retenaient prisonnier et lui permettre de reprendre sa course le long du Grand Fleuve Lena, en direction du nord.

Patchemou Patamou regarda le bout de bois s'éloigner, puis il revint péniblement sur le rivage, les oreilles basses, le poil trempé et la fourrure passablement abîmée, déchirée par les branches qui l'avaient agrippé et au milieu desquelles il s'était débattu. Assez piteux, pour tout dire. Devant le regard moqueur de son cousin Anatoli, qui n'avait pas dit mot, il murmura simplement :

– Oui, bon, ça va. Au moins, j'aurai essayé…

Anatoli Patamouchto avait observé la scène avec

amusement, et, il faut le dire, un rien de soulagement. Cela le rassurait beaucoup de savoir que la forme au milieu des branchages n'était qu'un vulgaire bout de bois et non un véritable lièvre aux oreilles plus longues que les siennes. Il s'estima conforté dans l'idée que ces histoires farfelues d'autres lièvres inconnus à très grandes oreilles n'étaient à n'en pas douter que racontars, véhiculés par il ne savait qui – sans doute des lièvres d'une autre famille, jaloux de sa prestance.

– Dure journée, tu disais ?... demanda-t-il simplement à Patchemou.

Ce dernier ne répondit rien. Il était allongé sur la grève et se reposait, l'air contrarié.

– Dure journée, c'est vrai, poursuivit Anatoli, amusé, mais pas que pour moi, semble-t-il. Parce que, entre nous : les moustaches, je veux bien que nous ayons les mêmes ; la vitesse, admettons que nous soyons égaux de ce point de vue-là – encore que cela reste à prouver, en faisant une vraie course, par exemple ; mais enfin, tu conviendras que là, tout de suite, ma fourrure est nettement plus belle que la tienne...

À nouveau, Patchemou ne répondit rien. Si on lui avait demandé, là, tout de suite, ce qu'il pensait de tout ça, il aurait répondu qu'il détestait profondément Anatoli, ses moustaches, ses oreilles, sa fourrure et sa vitesse. Et surtout sa coquetterie.

– Allez, fit ce dernier, conciliant et un peu ému par l'aspect misérable de son cousin tout trempé, tout cela n'est pas très important. Faisons plutôt la paix – et une course.

– Pfff. Pourquoi ? maugréa Patchemou.

– Ah non, ça, c'est ma question à moi, répondit Anatoli Patamouchto. N'inversons pas les rôles, je te prie.

Tous deux se regardèrent, à nouveau complices. Après tout, il n'y avait rien de bien grave, Anatoli avait raison. Aucun lièvre n'était mort noyé – et puis les poils, ça repousse.

Patchemou se releva. Anatoli fit mine de s'élancer. Patchemou fit de même. Deux ou trois fois ils se jaugèrent de la sorte.

Car il faut rappeler que c'étaient avant tout de jeunes lièvres, insouciants et joueurs.

Ils n'eurent pas besoin de signal de départ pour détaler simultanément vers le coude du fleuve, au large duquel un bout de bois à la forme bizarre, orné de quelques touffes de poils de lièvre, avançait lentement, obstinément, dans l'immensité mauve et froide d'un silence de commencement du monde. La nuit, qui n'était pas la nuit mais un jour un peu moins clair, allait bientôt tomber.

X

Où le proverbe énoncé par la louve Lioubomira Arkhangelsk au chapitre I se voit vérifié grâce à la jalousie du bœuf musqué Pamphile Strogonov

Ayant parcouru un périple de plus de quatre mille kilomètres depuis sa source située tout près du lac Baïkal, le Grand Fleuve Lena, après s'être largement étalé dans son gigantesque lit et avoir irrigué en profondeur le grand pays désert et froid que les animaux humains appellent Iakoutie, se resserre d'abord en un étroit goulet rocheux, puis se projette dans l'océan glacial Arctique, dessinant un immense delta formé de milliers d'îles sur lesquelles vivent toutes sortes d'animaux, parmi lesquels les puissants bœufs musqués. Ces derniers y sont d'ailleurs assez rares, et vivent dans le secret le plus absolu. Même les animaux humains, pourtant si curieux et fouineurs, prétendent parfois qu'il n'y a plus de bœufs musqués dans le Grand Delta. Ce qui est une absurdité, puisqu'il y a le puissant Pamphile Strogonov et son troupeau de quelques dizaines de têtes.

Les bœufs musqués ne sont bien entendu pas les seuls animaux, loin s'en faut, à peupler ces régions. Il y a aussi, par exemple, des centaines de lièvres arctiques issus d'une branche de la famille Patamouchto-Patchemou, des phoques de la grande et noble famille Laptev, des renards polaires d'une branche lointaine de la famille Fafnir qui peuple tout le cours de la Lena et, bien au-delà, des loups arctiques de la famille Mourmansk, cousins des Arkhangelsk qui vivent plus au sud, des rennes des familles Kropotkine et Tchoutchouk, et des milliers d'oiseaux, sternes, oies, guillemots, harfangs, albatros, tournepierres, lagopèdes, pétrels, labbes, cormorans, eiders et autres macareux. Mais les plus puissants de tous ces animaux sont les bœufs musqués de la famille Strogonov, et surtout Pamphile Strogonov, incontestablement le plus massif et le plus respecté de tous les bœufs musqués, donc de tous les animaux du sud du delta du Grand Fleuve Lena – du sud uniquement car, pour le nord de ce même delta, on n'en était pas sûr, certains prétendant même qu'il y avait là-bas des morses et des ours polaires presque aussi puissants que Pamphile Strogonov, chose pourtant hautement improbable, voire fantaisiste.

Dans le sud de ce delta, en tout cas, nul n'osait jamais s'attaquer à Pamphile Strogonov, de peur d'être vaincu, écrasé, assommé, projeté dans les airs, massacré, esquinté, estropié par la puissance prodigieuse de son front et de ses cornes lorsque, lancé à toute vitesse vers un ennemi, il le percutait de plein fouet. Cela se produisait parfois quand de jeunes mâles inconscients se risquaient, au moment des amours, à lui disputer sa prééminence. Durant ces combats toujours très brefs, un silence pesant s'installait d'abord, le monde semblait en suspens, soudain la toundra entière retentissait de la sourde cavalcade des assaillants, puis du bruit formidable et sec, un peu comme un orage qui claque, des deux têtes s'entrechoquant – à l'issue de quoi invariablement Pamphile Strogonov ne bronchait pas, tandis que son adversaire reculait et titubait, étourdi par la violence du choc, s'affaissait parfois sur ses pattes avant, puis s'en retournait, vaincu et piteux, abandonnant à Pamphile la prééminence sur le troupeau qu'il avait un instant – mais un instant seulement – contestée.

Pamphile Strogonov cependant n'était pas qu'une brute épaisse. Il avait aussi un cœur.

En effet, Pamphile Strogonov, le plus puissant des bœufs musqués du sud du Grand Delta, était éperdument amoureux d'Oksana Karpovna, la plus jolie de toutes les femelles du troupeau, la seule en tout cas à lui faire tourner la tête. Car Oksana Karpovna était douce. Oksana Karpovna était belle. Oksana Karpovna était élégante, avec ses cornes joliment recourbées, ses sabots fins et luisants, ses longs poils gris qui lui faisaient comme une houppelande, et ses grands yeux bordés de longs cils ébouriffés.

Bien entendu, tout cela, Pamphile Strogonov ne le lui disait pas, car il avait sa fierté. Et puis surtout, il était timide : aussi timide que puissant, et aussi maladroit qu'ombrageux, si bien que dès qu'Oksana Karpovna arrivait il lui tournait le dos comme s'il ne l'avait pas vue, ce qui la rendait triste car elle-même n'était pas indifférente à la force, la fourrure, la carrure et la puissance phénoménale de Pamphile.

Il n'y avait qu'en rêve que Pamphile et Oksana vivaient une vraie vie d'amoureux, avec d'interminables promenades romantiques en direction du soleil de minuit et de délicieuses soirées à brouter face à face les succulents tapis de laîches et d'épilobes dont la toundra regorge. Comme chacun sait, les rêves et la réalité sont un peu la même chose, et il n'est pas toujours aisé de différencier les deux, si bien que Pamphile et Oksana étaient assez satisfaits de pouvoir se retrouver dans leurs rêves respectifs. Mais enfin, ça n'était pas *tout à fait* pareil, et l'un comme l'autre devaient bien avouer qu'en fait cela ne leur suffisait pas.

Et pourtant, dans la réalité, Pamphile Strogonov ne regardait pas Oksana Karpovna, pas davantage par exemple qu'Anastasia Brejneva ou Ludmilla Ouliodna, qui pourtant étaient nettement moins jolies.

Outre qu'il était ombrageux, et aussi colérique, Pamphile Strogonov avait d'autres défauts : par exemple, il était très jaloux d'Oksana Karpovna, qu'il ne regardait pourtant pas beaucoup, mais dont il supportait très mal qu'elle puisse par moments donner peut-être l'impression de paraître éventuellement un tout petit peu en passant avoir l'intention de jeter de loin un très léger coup d'œil furtif vers un autre bœuf musqué.

Et puis il était extrêmement têtu, ce qui était assez normal vu qu'il avait la tête la plus dure du troupeau, mais enfin, une fois qu'il avait décidé quelque chose et s'était fait une idée sur n'importe quel sujet, comme par exemple sur l'éventualité qu'Oksana Karpovna puisse peut-être en passant avoir éventuellement l'intention de jeter de loin un tout petit coup d'œil très furtif vers un autre bœuf musqué, il était strictement impossible de lui faire entendre raison.

Un jour qu'Oksana Karpovna se promenait, seule, le long d'un des multiples bras du fleuve, elle aperçut sur sa gauche une forme étrange qui venait vers elle. C'était un bout de bois flottant, cela ne faisait aucun doute : elle en avait déjà vu des centaines, bien que n'ayant jamais de sa vie approché d'arbres ni de forêts. Mais enfin, les branches, troncs et morceaux de bois de toute taille que charriait le Grand Fleuve, c'était aisément reconnaissable, pour peu que l'on sache un tant soit peu faire preuve de discernement. Or Oksana Karpovna savait faire preuve de discernement. Car, en plus d'être belle et élégante, elle était sage et raisonnable. Pas question par exemple de confondre ce bout de bois avec, mettons, un lièvre de la famille Patamouchto-Patchemou, même s'il avait une forme bizarre, avec deux longues branches qui pouvaient vaguement s'apparenter à des oreilles de lièvre, et de l'autre côté un renflement qui pouvait peut-être, avec beaucoup d'imagination, laisser penser à l'arrondi d'une croupe. Non, c'était bien un morceau de bois, mais d'une qualité tout à fait particulière, vu qu'il était recouvert de fourrure. Et cela, Oksana Karpovna ne l'avait jamais vu. Bien entendu, elle avait vu à plusieurs reprises des troncs flottants recouverts de mousse, de lichens ou de champignons – mais recouverts d'une authentique fourrure, ça, jamais.

Le morceau de bois flottant approcha du rivage et s'immobilisa au bord, à quelques mètres à peine des sabots d'Oksana Karpovna.

Elle avança vers lui, le huma, décela une odeur qu'elle connaissait vaguement mais ne savait nommer. Probablement celle d'un lièvre, mais elle n'en était pas sûre : depuis le temps qu'il flottait, l'eau du fleuve avait imprégné le bois, et son odeur moisie recouvrait tout le reste. À plusieurs reprises elle le toucha de ses sabots, le fit glisser sur le rivage, le gratta un peu, et, sans qu'elle y prenne garde, une légère brise aidant, quelques touffes de la fourrure qu'il portait vinrent se coller à ses pattes et son dos.

Puis elle s'éloigna et pensa à autre chose.

Sur son chemin, elle croisa Tancrède Boïkov, un jeune bœuf musqué que Pamphile Strogonov détestait plus que tout autre car il lui semblait que, parfois, il n'était pas impossible que peut-être, de loin, Tancrède regardât avec un peu trop d'insistance Oksana

Karpovna ; de plus, Tancrède Boïkov l'avait par deux fois déjà provoqué en duel – duels dont le résultat, à savoir une sévère défaite, n'avait surpris personne, pas même Tancrède lui-même. Quoi qu'il en soit, pour tout cela, Pamphile Strogonov n'aimait pas beaucoup Tancrède Boïkov.

Ici il faut préciser, même si on l'a deviné, que Pamphile Strogonov était non seulement ombrageux, timide, colérique et jaloux, mais aussi terriblement rancunier.

Oksana Karpovna quant à elle se souciait assez peu de Tancrède Boïkov. Aussi, lorsqu'il courut vers elle pour engager la conversation, ils échangèrent quelques propos sans conséquence, puis elle le salua d'un ton badin et lui tourna le dos, le laissant planté au milieu des lichens. Pour conserver une sorte de digne maintien, il se mit à brouter comme si de rien n'était.

Or, au loin, sur une petite butte couverte de fleurs mauves et argentées, Pamphile Strogonov venait d'arriver et d'assister à la fin de la scène : il vit la douce Oksana qui se trouvait tout près de l'infâme Tancrède Boïkov ; il se dit qu'ils avaient apparemment passé un moment ensemble, peut-être un très long moment, comment savoir ; il vit qu'elle le saluait à présent d'un air détaché, et que l'autre, satisfait, se mettait à brouter comme si de rien n'était – comme pour détourner l'attention, en somme.

Pamphile Strogonov estima en son for intérieur que Tancrède Boïkov était un traître maléfique, et Oksana Karpovna, une pauvre victime sans défense.

Il descendit sans se presser la butte sur laquelle il était juché et se dirigea vers Oksana.

Ses longs poils gris flottaient un peu autour de lui, c'était très joli, et très impressionnant aussi : cette descente majestueuse depuis sa butte fleurie, sur un fond de ciel orageux, dans le froid et le silence absolus ; sa démarche lente et lourde, associée à la légèreté aérienne de sa fourrure – de tout cela émanait une impression de force tranquille et de suprême élégance que tous, à n'en pas douter, admiraient et redoutaient à la fois.

Il s'approcha d'Oksana Karpovna, qui le regarda l'air énamouré mais ne sut que lui dire, car il l'impressionnait. Lui aussi la fixait, mais d'un air froid, et cela l'intimidait encore plus. Elle sentait ses forces défaillir. Jamais il ne l'avait regardée avec autant d'intensité.

Il ne lui fallut pas longtemps pour noter que, sur les pattes et le dos d'Oksana Karpovna, se trouvaient des touffes de poils qui ne lui appartenaient pas. Il lui fallut encore moins longtemps pour reconstituer mentalement la scène au cours de laquelle Tancrède Boïkov avait pu abandonner sur le dos d'Oksana Karpovna des lambeaux de sa propre fourrure.

Son sang alors ne fit qu'un tour.

Il se détourna d'Oksana Karpovna qui n'y comprenait rien, mugit sauvagement et courut tout en bas vers Tancrède Boïkov – qui, levant la tête, le regarda arriver l'air furieux sans rien y comprendre non plus.

Pamphile Strogonov s'immobilisa à quelques dizaines de mètres de Tancrède Boïkov, soufflant et grognant, prêt à en découdre. C'était un défi dans les règles de l'art – avec cependant une différence par rapport aux défis antérieurs : c'était Pamphile lui-même qui le lançait pour d'obscures raisons, et non son adversaire qui lui disputait la prééminence sur le troupeau.

Tancrède Boïkov ne pouvait faire autrement que de se soumettre à ce défi, même s'il n'en connaissait pas la cause. Que lui voulait donc ce gros acariâtre ? Cela ne lui suffisait pas de l'avoir déjà par deux fois durablement étourdi de ses coups de boutoir phénoménaux ? Depuis, Tancrède se tenait tranquille et avait accepté sa domination. Que se passait-il donc ?

Il tenta tout de même de le raisonner.

– Pamphile Strogonov, lança-t-il, qu'est-ce qui te prend ? Je ne t'ai pas provoqué. Laisse-moi en paix !

Mais l'autre ne répondit rien. Il gratta furieusement la terre de ses sabots et arracha au passage quelques petites fleurs mauves nommées silènes acaules, qui protestèrent vigoureusement, mais rien n'y fit.

Les dés étaient jetés.

Tancrède Boïkov souffla de dépit. Il n'avait aucune envie d'être à nouveau assommé. Et sans raison valable, en plus.

Il se mit cependant en position de combat. Il gratta lui aussi la terre, avec beaucoup moins de conviction cependant, mais n'en arracha pas moins quelques petites fleurs blanches nommées thé du Labrador, qui à leur tour protestèrent vigoureusement, toujours en vain.

Car les protestations des fleurs, il faut bien dire que les bœufs musqués ne s'en soucient pas beaucoup.

Le silence était absolu. Seul le souffle court des deux assaillants se laissait entendre. Au loin, Oksana Karpovna contemplait la scène en se demandant ce qui avait ainsi provoqué la fureur de Pamphile

Strogonov. La toundra tout entière semblait retenir sa respiration. L'orage n'allait pas tarder. L'air était électrique.

Au loin un coup de tonnerre claqua, dont le bruit à n'en pas douter était moins sec, moins intense, moins prodigieux que celui que, dans quelques secondes, allaient provoquer en s'entrechoquant les deux fronts si puissants de Pamphile Strogonov et Tancrède Boïkov, lancés l'un contre l'autre à pleine vitesse, comme deux énormes obus d'un quintal chacun.

Épilogue

Où Goritsa se charge d'aller confirmer aux louveteaux Arkhangelsk que le monde est régi par des lois souterraines et invisibles

Effectivement, le bruit fut prodigieux. La toundra entière s'en souvient encore. Ce fut un des combats les plus brefs et les plus terribles jamais vus. Il y avait eu la cavalcade, qui avait fait trembler le sol sur des centaines de mètres, et puis le choc énorme, apocalyptique, à l'issue duquel Tancrède s'était affaissé instantanément, assommé. Pamphile quant à lui avait titubé un long moment, chose qui ne lui était jamais arrivée, avant de faire demi-tour, estimant s'être ainsi convenablement vengé de l'affront subi.

Ou que, du moins, il estimait avoir subi.

Non loin du théâtre des opérations, un bœuf musqué un peu particulier qui se promenait le long d'un des bras du fleuve entendit le bruit phénoménal, leva la tête et, curieux, se dirigea vers la source de ce vacarme plus puissant même que le tonnerre.

Il espérait que cela ne se déroulait pas trop loin des bords du fleuve, histoire de ne pas devenir un bœuf musqué comme un autre.

Encore qu'un bœuf musqué ne risque pas grand-chose, si ce n'est le coup de cornes d'un autre bœuf musqué, comme celui que venait à l'instant de recevoir le pauvre Tancrède Boïkov.

Ce bœuf musqué un peu particulier, on l'a deviné, n'était autre que Goritsa, la divinité du Grand Fleuve, qui, ainsi qu'elle l'avait dit, ne se métamorphosait plus à présent qu'en animaux féroces ou puissants, comme les loups arctiques, les gloutons, les ours ou les bœufs musqués.

Lorsqu'il arriva sur la même petite butte fleurie sur laquelle Pamphile Strogonov se tenait quelques minutes plus tôt, Goritsa comprit instantanément ce qui s'était passé. Il faut ici rappeler qu'étant un Esprit Goritsa n'est ni mâle ni femelle, et que, de la même manière que l'utilisation du genre féminin allait de soi lorsqu'il s'agissait d'une zibeline ou d'une grenouille, celle du genre masculin coule de source lorsqu'il s'agit d'un bœuf musqué. Goritsa, donc, comprit tout. Et il reconstitua très vite à la fois ce qui venait de se passer, et les raisons pour lesquelles cela s'était passé.

Il comprit que ce combat phénoménal et bref n'aurait jamais eu lieu si Pamphile Strogonov n'avait pas vu, sur la fourrure d'Oksana Karpovna, quelques touffes de poils qu'il avait à tort attribuées à Tancrède Boïkov ;

que ces touffes de poils n'auraient jamais atterri sur la fourrure d'Oksana Karpovna si cette dernière ne s'était approchée d'un bout de bois flottant sur lequel elles se trouvaient ;

qu'elles ne s'y seraient jamais trouvées si le lièvre arctique Patchemou Patamou ne s'était, plus au sud, précipité sur le bout de bois en le prenant à tort pour un lièvre en train de se noyer et, se débattant dans les branchages dans lesquels il s'était empêtré, n'y avait abandonné quelques poils ;

que ce bout de bois ne se serait jamais trouvé coincé dans ces branchages si l'acariâtre sterne arctique Solena Kilometra ne s'était pas excusée de sa voracité auprès de Goritsa à travers lui, ne lui avait pas récité un poème composé par l'élan Spiridon Titov, provoquant ainsi l'afflux de milliers de petits poissons qui l'avaient un peu dévié de sa route et projeté vers les bords du rivage ;

que la sterne Solena Kilometra n'aurait jamais agi de la sorte si, encore plus au sud, elle n'avait, sur ce même bout de bois, tenté d'attraper une grenouille, qui se trouvait être la divinité du fleuve Goritsa, chose dont elle avait par la suite désiré s'excuser en récitant le poème ;

que Goritsa ne se serait jamais transformée en grenouille sur ce morceau de bois flottant si elle n'avait été obligée, bien plus au sud encore, d'abandonner son incarnation de zibeline sous peine d'être attaquée par le renard Iaroslav Fafnir, qui ne l'avait pas reconnue ;

que Iaroslav Fafnir n'aurait jamais croisé la zibeline Goritsa ce jour-là s'il ne venait pas d'échouer à attaquer l'écureuil Mitrofane Stakhanov ;

qu'il n'aurait pas échoué à attaquer Mitrofane Stakhanov si ce dernier n'avait pas précédemment appris, par l'esturgeon Ossoufri Laboda, comment distinguer sa droite de sa gauche ;

que Mitrofane Stakhanov n'aurait jamais pu l'apprendre si l'esturgeon Ossoufri Laboda n'avait pas été, encore plus au sud, capturé par un animal humain puis relâché en un endroit inconnu de lui, où il avait rencontré Mitrofane ;

qu'Ossoufri Laboda n'aurait jamais été capturé

par cet animal humain s'il n'avait tenté d'avaler goulûment l'éphémère Mimolette Perséphone qui se reposait sur un bout de bois flottant, celui-là même qui plus au nord servirait de plate-forme de repos à une grenouille, puis se couvrirait de poils de lièvre ;

que l'éphémère Mimolette Perséphone ne se serait jamais posée sur ce morceau de bois s'il n'avait pas été lâché dans le fleuve par l'aigle Lelio Lodoli, qui jusqu'alors croyait avoir capturé un lapin ;

que Lelio Lodoli n'aurait pas lâché ce bout de bois si, encore bien plus au sud, tout près de la source du Grand Fleuve Lena, il ne l'avait précédemment subtilisé aux louveteaux de la famille Arkhangelsk, qui s'en servaient comme d'un jouet à mordiller ;

et enfin que les louveteaux Arkhangelsk n'auraient jamais utilisé ce bout de bois en guise de jouet si Dimitri Arkhangelsk n'avait remarqué les battements d'ailes des deux papillons Anastasia Fanfreluche et Sonia Baboutchka qui, s'étant posés dessus pour papoter, soudain s'en étaient envolés.

À quatre mille kilomètres de là, Goritsa, dans son incarnation de bœuf musqué, contemplait la toundra à présent silencieuse : l'orage semblait s'être éloigné, Tancrède Boïkov reprenait peu à peu ses esprits et

Pamphile Strogonov passait majestueusement à côté d'Oksana Karpovna, qui se mit à le suivre. Ce soir, peut-être iraient-ils enfin côte à côte dans la direction du soleil de minuit, pour brouter ensemble ces succulents tapis de laîches et d'épilobes dont la toundra regorge.

Ce faisant, Goritsa, qui venait de reconstituer mentalement toute la chaîne des causalités qui lui apparaissait dans sa pleine évidence, se dit qu'il allait peut-être se projeter magiquement du côté de sa source – sous la forme d'un loup à la belle fourrure argentée nommé Anton Pavlovitch par exemple – et confirmer à Dimitri, Ivan et Aliocha Arkhangelsk que le proverbe que leur citait parfois leur mère Lioubomira était tout à fait exact, et vérifié. Car en effet, c'est une chose avérée que *« le battement d'ailes d'un papillon à la source de la Lena peut suffire à provoquer un combat de bœufs musqués à son embouchure »*.

Évidemment, aucun des trois louveteaux ne savait vraiment ce qu'était un bœuf musqué, étant donné qu'ils n'en avaient jamais vu – mais il leur en ferait un portrait précis, et peut-être en rêveraient-ils ensuite. Le rêve et la réalité étant somme toute très similaires à quelques nuances près, ce serait presque comme s'ils en avaient rencontré un.

Et puis il est bon parfois, se dit-il, de préciser aux jeunes générations que le hasard n'existe pas vraiment, et qu'il n'y a que des relations souterraines, invisibles et mystérieuses entre les êtres et les choses.

S'étant dit cela, le bœuf musqué Goritsa disparut soudain de sa butte fleurie. Et, avant de s'incarner en loup à fourrure argentée quelque part non loin de sa source, il regagna sa nature primordiale de fleuve – redevint l'immense et puissant fleuve Lena, qui irrigue et nourrit le pays de Iakoutie sur des milliers de kilomètres du sud au nord, à l'intérieur et aux bords duquel grouillent, jouent, se battent, se dévorent, se guettent, s'ignorent, s'apprécient, se détestent, se tolèrent, grandissent, vivent et disparaissent depuis des millénaires des milliers de formes de vie, de l'éphémère la plus fragile au bœuf musqué le plus colossal – et sur lequel flottent parfois tant de choses diverses, comme certains bouts de bois à la forme un peu bizarre.

TABLE

Du même auteur à *l'école des loisirs*

Collection MÉDIUM

Aux bords du lac Baïkal